推动形成全面开放新格局书系

拥抱全球化

《拥抱全球化》编委会　编著

中国计划出版社

图书在版编目（CIP）数据

拥抱全球化 / 《拥抱全球化》编委会编著. -- 北京:
中国计划出版社, 2018.12
（推动形成全面开放新格局书系）
ISBN 978-7-5182-0959-0

Ⅰ. ①拥… Ⅱ. ①拥… Ⅲ. ①经济全球化－研究
Ⅳ. ①F114.41

中国版本图书馆CIP数据核字(2018)第264374号

推动形成全面开放新格局书系
拥抱全球化
《拥抱全球化》编委会 编著

中国计划出版社出版
网址：www.jhpress.com
地址：北京市西城区木樨地北里甲11号国宏大厦C座3层
邮政编码：100038 电话：(010) 63906433（发行部）
新华书店经销
北京精印堂图文快速印刷中心印刷

787mm×1092mm 1/16 9.75印张 217千字
2018年12月第1版 2018年12月第1次印刷

ISBN 978-7-5182-0959-0
定价：58.00元

《推动形成全面开放新格局书系》

编 委 会

《拥抱全球化》

编 委 会

目　录

主　报　告

分　报　告

附　件

主 报 告

第一章 积极稳妥应对经济全球化新动向新趋势研究

内容提要：当前逆全球化思潮汹涌，全球化治理体制进展停滞，国际贸易和资本流动回升面临较大潜在风险，这些均表明经济全球化进程已明显受阻。发达国家内部利益分配严重不均，中国快速崛起给发达国家带来恐慌，全球经济增长周期性放缓带来全球化红利增量缩减，以及重大全球治理问题成本和责任分担机制难以维系等，构成全球化受阻的重要原因。反全球化措施无助于化解经济全球化面临的问题。市场机制、技术进步、新兴中产阶级涌现、国际主流意识等多种因素带动下，全球化会在曲折中深入发展，并呈现出从不平衡到平衡、从不包容到包容、从不可持续到可持续转变等新特点。经济全球化出现的新动向新趋势，影响了我国对外贸易多元化、平衡性发展，增大了稳定利用外资规模和优化外资结构的难度，影响对外投资的健康有序发展，并对健全外债管理方式提出更高要求等。未来一个时期，我国应主动参与和推动经济全球化进程，始终做世界和平的建设者、全球发展的贡献者、国际秩序的维护者。我国应系统谋划全面开放整体战略，坚持主动开放、平衡开放、共赢开放、安全开放，从推进贸易强国建设、高水平高质量利用外资、积极稳妥开展境外投资、开展互利共赢的国际产能合作、创新外债管理体制、为推动完善全球经济治理提供“中国方案”等入手，加快形成全面开放新格局，实现外向型经济的质量变革、效率变革和动力变革。

一、经济全球化的新动向与发展新趋势

以1990年前后信息技术革命发生为技术标志，苏联解体和冷战结束为制度标志，经济全球化进入市场经济全球化阶段，也被认为是真正意义上的全球化时代。从1990年到2008年国际金融危机爆发，经济全球化呈现出突飞猛进的发展态势：全球贸易和投资规模呈现数量级增长，贸易和投资跨国流动的范围几乎覆盖全世界；发达国家从工业社会向信息社会转变，发展中国家普遍以嵌入全球价值链体系的形式开启或加速工业化进程；市场经济成为涵盖整个世界的经济体制；基本实现了物流、资金流、信息流和知识流的全球畅通，但国际金融危机的爆发终止了全球化快速前进的步伐，在世界经济曲折复苏的过程中，各种怀疑和指责经济全球化的声音重新响起，部分发达国家回归贸易保护主义和以邻为壑的政策取向给经济全球化的发展前景蒙上了一层阴影。以中国为首的新兴发展中国家高举全球化旗帜，积极推动全球化再平衡。在此背景下，通

过对当前经济全球化发展出现的新动向和面临的主要问题与挑战的分析，科学判断未来经济全球化的发展趋势，能够为准确认识经济全球化以及采取合适的发展策略提供基本支持。

（一）当前经济全球化的新动向

根据20世纪90年代以来全球化的发展特点，我们可以从三个层面来观察当前经济全球化的新动向：一是关于如何认识和看待经济全球化的理念的变化。突出表现为各种逆全球化理念思潮再次兴起，并从过去的边缘地位渐成主流意识。二是关于经济全球化的制度框架或治理结构的变化。贸易和投资自由化的制度主体虽未被破坏但受到威胁，基本处于停滞状态，而保护主义倾向有发展成势的风险。三是关于经济全球化实务层面的变化。突出表现在国际贸易和资本流动的总体低迷，并且回升态势面临很大的潜在风险。从这三个层面观察经济全球化的新变化，符合全球化发展的一般规律。

1. 以发达经济体内顾倾向为代表的逆全球化浪潮再次兴起，并有渐成主流之势

在200余年的经济全球化发展历程中，反全球化或抵制全球化的情况时有发生。以往逆全球化的声音主要从发展中国家发出，而国际金融危机以来，发达经济体反而成了逆全球化的主要代言人和推动力量，显现出较强的内顾倾向。这也使得这一轮逆全球化思潮具有了与以往显著不同的特征，在发达国家的大力推动下，逆全球化正在从一种边缘化的理念逐渐走向主流认识，严重阻碍了经济全球化的顺利发展。

一是贸易保护主义抬头，阻碍了贸易自由化发展。危机以来，发达经济体为了实现经济复苏，一些国家纷纷采取保护主义措施，并且有愈演愈烈之势，呈现出从反危机措施向常态化、机制化发展的势头。根据世界贸易组织发布的公报，自金融危机以来，二十国集团（G20）国家出台的贸易限制措施已经达到了1671项，仅2015年10月—2016年5月，就实施了145项新贸易限制措施。其中，美国在2008—2016年对其他国家采取了600多项贸易保护措施，仅2015年就采取了90项。世界贸易组织《全球贸易数据与展望》报告（2018）指出，由贸易保护措施引发的贸易摩擦将显著拉低全球贸易增长。

二是引导资本回流，限制国际资本自由流动。危机后，以美国为首的发达国家实施再制造业战略，更重视吸引投资，对跨境投资流向产生一定影响，加剧了国际投资竞争。美欧日等发达国家对其他国家的投资设定了一系列限制和壁垒。比如2016年底，美中贸易全国委员会建议美国国会修改外国投资委员会的相关法规，以阻止中国国有企业“获得或以其他方式获得对美国公司的有效控制”。欧盟委员会起草了《欧盟计划这样防止企业被出售至海外》的报告，列出了限制领域清单，防止防务、基础设施和高科技领域企业被中企“出于政治动机”的收购。

三是区域经济一体化明显受挫，前景不甚乐观。区域经济一体化是经济全球化的重要组成部分和推动力量。金融危机以来，先后爆发的欧洲债务危机和难民危机对欧盟一体化体制构成了严重冲击。2016 年 6 月英国借助公投强硬“脱欧”更是对欧洲一体化进程造成沉重打击，鼓舞了欧盟内疑欧势力和极端力量。英国脱欧公投后，西班牙、法国和意大利等国家或隐或现的“脱欧”倾向，进一步加大了逆一体化的风险。区域经济一体化进程的扭曲甚或逆转会阻碍经济全球化的发展。

2. 经济全球化的制度框架受到威胁，全球化治理体制进展停滞

一是多边贸易体制建设陷入困境。近年来，围绕是否继续多哈回合谈判，发达国家与发展中国家之间有很大分歧，多边贸易体制建设陷入困境。发达国家不愿意在多边贸易体制中做出更多利益让步，呼吁放弃谈判；发展中国家认为多哈回合谈判包括了一些对发展中国家至关重要的问题，比如限制发达经济体的农业补贴等，坚持应继续谈判。发达国家表现出抛弃多哈回合谈判的倾向，试图以区域贸易协定取而代之。截至 2016 年底，全球向世界贸易组织（WTO）通报的区域贸易协定已经达到 625 个，其中生效的区域贸易协定有 419 个。区域贸易协定几乎不受任何限制地过度膨胀，已经在一定程度上侵蚀着 WTO 非歧视原则的根基，冲击着世界贸易自由化体制。世界贸易组织总干事罗伯托·阿泽维多指出，如果没有多边贸易体制，全球经济将下降 2.4%，60% 的全球贸易将消失。①

二是发达和发展中国家围绕国际贸易投资新规则的竞争更加激烈。一方面，发达国家竭力推动国际贸易投资规则向对其更加有利的方向发展，维护其既得利益。《跨太平洋伙伴关系协定》（TPP）、《跨大西洋贸易与投资伙伴关系协定》（TTIP）、《国际服务贸易协定》（TISA）等成为发达国家巩固或强化其对国际贸易投资领导权的主要措施。发达国家不顾各国经济发展差异，要求全面实行高水平的贸易投资自由化，限制发展中国家的发展空间。比如将贸易投资谈判的议题向边界后规则转移，提出超出很多发展中国家发展水平的更高标准和自由度的贸易投资规则。另一方面，金砖国家以及其他新兴经济体在国际经济体系中的影响力明显上升，中国等发展中国家主张根据各国发展阶段和经济基础不同，在尊重各国发展权的前提下，实行有差别、渐进式的开放与自由化。亚太自由贸易区（FTAAP）设想、“一带一路”建设、亚洲基础设施投资银行（简称亚投行）等体现了这样的理念和主张。

三是发达国家在全球公共问题治理规则上出现倒退。随着全球化的深入发展，大量跨国界问题的出现大大拓展了全球公地的范围，对全球公共治理提出较高要求。发达国家经济发展水平高、治理实力较强，且由于其先发展而占用了全球更多的发展资源，理应在全球公共问题治理上担当更大的责任。但金融危机以来，部分发达国家以在全球公共治理规则上倒退作为谋求更大利益的手段，阻碍了全球化进程。

3. 国际贸易和资本流动总体低迷，增长回升面临较大潜在风险

从全球化经济活动的表现看，国际金融危机严重冲击了国际贸易和资本流动的增长，总体处于低迷状态；近年来，随着世界经济缓慢复苏，国际贸易和资本流动也在回升，但尚未恢复到危机前水平。特别需要注意的是，当前逆全球化的思潮和发达经济体

---

① http：//cpc. people. com. cn/n1/2018/0629/c419242 - 30094654. html。

采取的保护主义措施，使得国际贸易和资本流动的回升面临较大的潜在风险，增长前景充满不确定性。

一是国际贸易持续低增长，贸易增速出现低于经济增速的转折性变化。以往国际贸易快于世界各国（地区）国内生产总值（GDP）的增长态势被认为是经济全球化深入发展的重要指征。但 2008 年金融危机以来，国际贸易增长一直比较低迷。2009—2016 年国际贸易平均增速不足 1%，较高峰时期（2000—2008 年）下降超过 10 个百分点；并且，国际贸易增长开始明显慢于 GDP 增长，国际贸易可能正在从驱动经济增长的力量转变为“拖后腿”的因素（见图 1－1）。

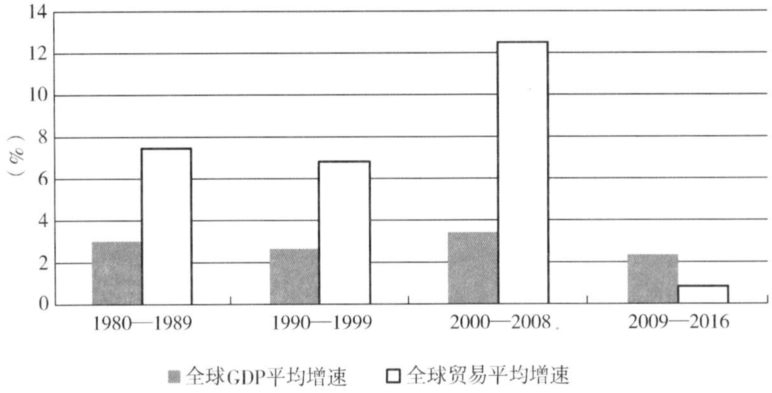

图 1－1　全球 GDP 平均增速与全球贸易平均增速

数据来源：WDI database。

二是全球对外直接投资增长放缓，尚未恢复到危机前水平。20 世纪 90 年代以来，全球对外直接投资规模从不到 2000 亿美元一度扩大到 2007 年超过 19000 亿美元，资本的大规模跨国流动带动了技术和知识等要素的全球扩散，有助于提升全球资源配置效率。国际金融危机以来，全球对外直接投资虽也经历了恢复性增长，2016 年达到约 17500 亿美元，但仍未恢复到危机前的水平；全球外商直接投资（FDI）占 GDP 比重也持续下滑（见图 1－2），2016 年约 2.3%，较危机前 2007 年低 1 个百分点，较 2000 年左右的峰值水平低约 1.7 个百分点。

三是国际贸易和投资的增长回升面临较大的潜在风险。危机以来，世界经济复苏艰难曲折，全球贸易和投资也在缓慢回升。发达经济体不断强化保护主义的政策取向，限制了国际资本自由流动。据国际货币基金组织（IMF）2018 年 1 月的更新预测，2018 年和 2019 年，全球贸易增速分别较 2017 年下调 0.1 和 0.3 个百分点至 4.6% 和 4.4%。限制性贸易政策和投资政策的频繁使用，极大增加了贸易和资本自由流动面临的不确定性。地缘政治局势紧张或恶化，也会对国际贸易和投资造成潜在风险。在当前全球政治经济形势下，国际贸易和投资的增长回升面临较大的潜在风险，很难恢复到危机前的繁荣发展状态。

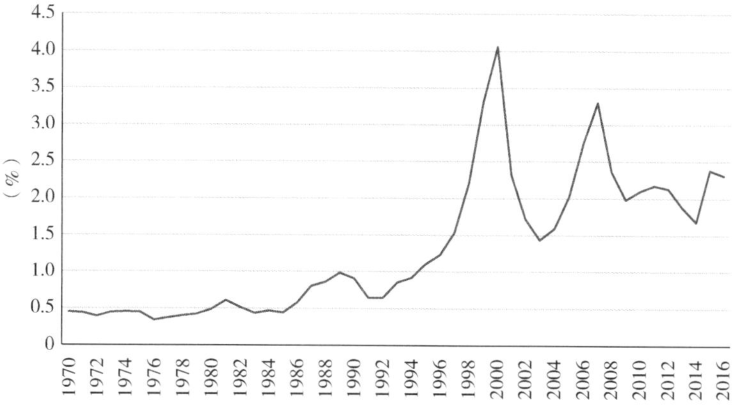

图 1－2 全球 FDI 流入占 GDP 比重

数据来源：UNCTAD data 和 WDI database。

（二）当前经济全球化发展受阻的根源分析

当前经济全球化发展出现的各种新动向表明了自 1990 年前后开始蓬勃发展的经济全球化已经进入到历史转折点。发达国家成为反全球化或逆全球化的代言人，并且确实可能会对全球化发展产生深刻影响，这是当前经济全球化发展受阻的最显著特点。经济全球化发展遇到波折，并不是因为全球化发展的方向错了，而是因为由西方国家主导的全球化管理和治理方式以及由此产生的利益分配格局面临难以持续的挑战。经济全球化要继续推进，各国必须正视和共同努力解决发展中面临的问题和挑战。

1. 发达国家攫取了绝大部分全球化红利，但内部分配严重不均衡

在全球价值链分配中，发达国家占据优势地位并获取了更多收益。在全球价值链体系中，发达国家以产品的研发、关键设备、核心零部件生产等工序为主，新兴工业化国家以产品的主要零部件制造工序为主，发展中国家主要进行辅助零配件加工、组装等工序生产。发达国家凭借资金、技术等优势，处于全球价值链的上游，获得更多利润，而发展中国家多处于价值链的下游。从全球价值链的微笑曲线变化看，曲线比 40 年前变得更加陡峭了（见图 1－3），这意味着研发、设计和营销等环节的收益更高，发达国家从国际分工体系中获取的收益比重更高。跨国公司成为发达国家获取全球化收益的重要渠道。1990—2016 年，全球前 100 家跨国公司的海外销售和资产占比分别提高了约 10 个和 20 个百分点，2016 年超过 2/3 的销售额产生在海外，这些公司 90% 以上来自发达国家。美国彼得森国际经济研究所相关研究表明（2017），2003—2016 年美国双向贸易增长了 49.5%，其中超过 20% 的增长得益于全球化，由此带来了约 1910 亿美元的经济增长，相当于人均 GDP 增加了 590 美元。

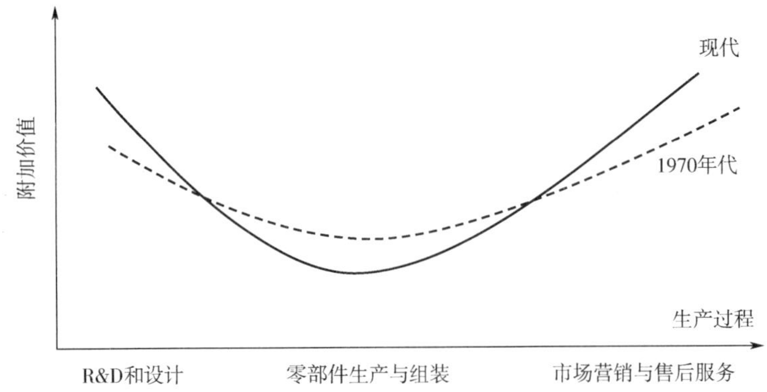

图 1-3 全球价值链的微笑曲线

资料来源：WTO《World Trade Report 2014》。

但是，全球化红利在发达国家内部不同阶层之间分配不均衡问题却日趋严重。一方面，以资本扩张为主要方式的经济全球化为资本提供了高于经济增速的回报水平，即资本回报率高于经济增长率（皮凯蒂，2014）。另一方面，随着发达国家相对低端和劳动密集型产业的向外转移，本国低技能劳动者获益较少，不同技能劳动者的收入差距拉大。Michael Spence 等(2011)[①] 发现，1990—2008 年，美国处于价值链低端的制造业大量转移到海外，相关就业岗位随之丧失；此期间的新增就业几乎全部来自以服务业为主的非贸易部门。《全球价值链发展报告 2017》的有关数据显示，以小时报酬来衡量（见图 1-4），1995—2009 年美国高技能劳动者的报酬水平大幅高于中、低技能劳动者，并且提高速度更快，而中等和低技能劳动者的报酬水平基本不变甚或下降。这就意味着，部分社会底层人群不是少分享了全球化收益，而是完全被排除在外，其相对弱势地位更加固化。在政府再分配政策执行不力的情况下，收入分配状况必然恶化。自 20 世纪 80 年代以来，主要发达国家中最富裕的 1% 群体和 10% 群体的收入占比明显上升，财富向少数群体集中的态势更为明显（见图 1-5、

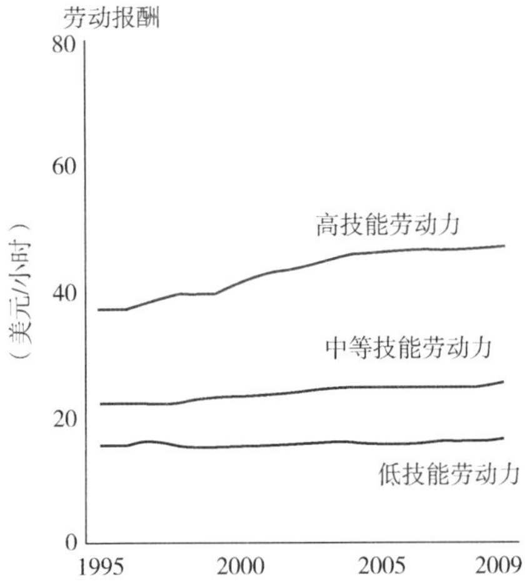

图 1-4 美国不同技能劳动者的报酬差异

资料来源：World Bank，IDE-JETRO，OECD etc. Global Value Chain Development Report 2017。

① Michael Spence and Sandile Hlatshwayo, The Evolving Structure of the American Economy and the Employment Challenge, 2011。

图1－6）。美国基尼系数从0.38左右提高到约0.42①，分配不均衡的矛盾已经激化到可能引发社会危机的程度。欧盟国家内部不同阶层分配不均衡问题更多以高失业率的形式表现出来，截至2016年底，欧盟和欧元区的失业率依然维持在8.2%和9.6%的较高水平，欧元区青年失业率达20.9%。

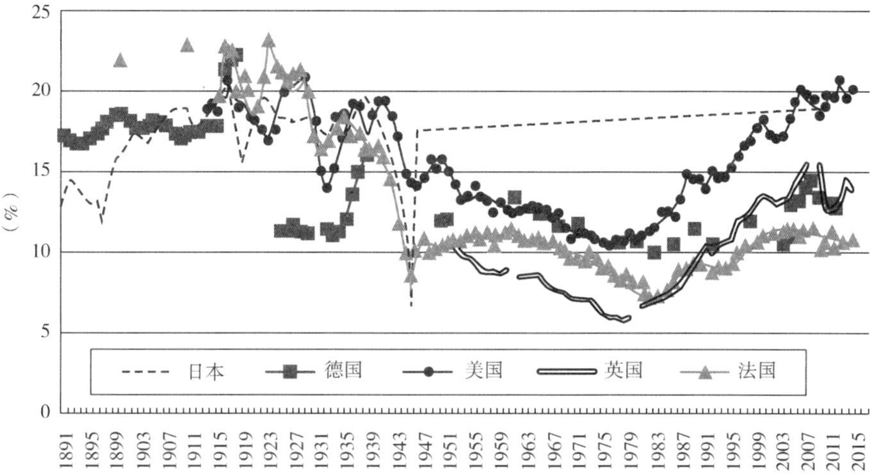

图1－5　主要发达国家top1%②人群收入占国民收入比重

数据来源：WID数据库（http：//wid.world/world/）。

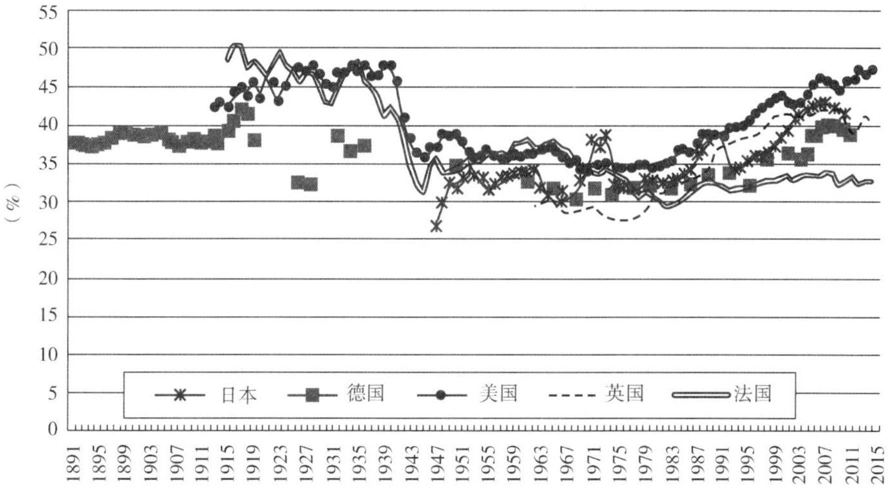

图1－6　主要发达国家top10%②人群收入占国民收入比重

数据来源：WID数据库（http：//wid.world/world/）。

① 美国基尼系数数据来自世界银行WDI database和联合国大学世界收入不平等数据库。

② top1%指的是P99—P100，top10%指的是P90—P100，这些收入均指税前收入。

发达国家中利益受损群体更倾向于以极端情绪来影响国家政策取向。有分析表明，英国公投选择脱欧的往往是自认为在全球化中受益最少或受损的群体，受教育水平低的地区，投票选择脱欧的比例最高；20 个选民平均受教育水平最高的地区都选择了留欧，小时工资中位数最高的地区，更多选择留欧。在西方代议制民主制度下，政治家不是选择完善收益补偿机制来缓解国内矛盾，而是倾向于选择将国内矛盾焦点引向外部，甚至指向全球化本身，反全球化更多成为以民粹主义为标签的政治极化表现，成为争取选票的手段。从全球治理的角度看，部分发达国家单方面采取保护主义、孤立主义等措施，其实质是以宣称的谋求国家利益最大化来转移国内矛盾和自身应负的责任。

2. 中国等新兴经济体的快速崛起对发达国家形成冲击、造成恐慌

这一轮经济全球化发展带来的一个具有重要影响的结果就是以中国为代表的新兴经济体的快速崛起，对整个世界政治经济格局产生了冲击。这主要表现在：

一是中国等新兴经济体快速崛起带来庞大的经济体量，直接削弱了发达国家在世界经济体系中的主导地位。国际货币基金组织预计，按购买力平价计算，1990—2022 年，高收入国家占世界产值的份额从 64% 下降到不足 40%，相应地发展中国家的份额大幅提高。发达国家在世界经济体系中的优势主导地位已经发生了改变。作为最大的两个新兴发展中国家，中国和印度两国人口占世界 36.7%。中国 GDP 占世界比重自 1990 年的 1.73% 快速跃升到 2017 年的 15% 左右，并将在 2030 年前后超过美国成为第一大经济体。中国贡献了世界经济增长的 1/3。印度也将于 2050 年左右成为世界第三大经济体。庞大并且仍然快速增长的经济体量对发达国家形成了巨大压力。

二是中国的快速崛起意味着社会主义市场经济制度相对于资本主义市场经济制度更具优势，意味着中国模式对欧美模式形成挑战。由西方发达国家主导的这一轮经济全球化一直奉行新自由主义理念，西方国家希望在推动贸易和投资自由流动的同时实现新自由主义和资本主义市场经济体制的“一统天下”，真正实现资本主义制度的全球化。对发达国家而言，在遵循由他们主导的国际规则的前提下，奉行社会主义的中国居然能够快速发展壮大，这是一个巨大的意外。并且随着中国综合实力的显著增强，中国模式日益被广泛认可，对发展中国家具有很强的示范意义，这对发达国家来说无异于“倒打一耙”。他们不仅感受到中国竞争力增强的压力，更是对社会主义制度的成功产生了巨大的恐慌。

三是中国在新兴技术领域的赶超进一步冲击了发达国家的技术自信和发展优越感。近年来，随着经济实力快速提升，中国越来越重视技术创新对产业竞争力和国际竞争力的支撑作用，制定并实施“制造强国战略”《中国制造 2025》。新一轮科技革命的蓬勃发展也为中国在新兴技术领域赶超发达国家提供了机会。中国的工业互联网、“互联网 +”产业发展，以及以高铁为代表的中国装备等已经走在了世界前列。发达国家一贯认为高技术领域以及产业链中的高技术环节是其传统优势范围，欧美国家一直坚持在高技术领域对中国实行封锁战略。而目前中国在高技术领域的快速追赶已经严重威胁到发达国家的竞争优势，发达国家有被“全面碾压”的危机感，必然会采取遏制中国发展的措施。

基于上述三个方面的原因，发达国家对中国崛起普遍感到恐慌，这既表现在屡屡被炒作的“中国威胁论”，也表现在发达国家重点“反思”为什么中国会快速崛起。

3. 全球经济增长周期性放缓，经济全球化红利增量日益缩减

经济全球化的深入发展使得各国相互依赖加深，在全球繁荣期，国家之间形成了互促互荣的发展关系，各国都有动力通过密切相互经济联系而不断做大世界经济总量分享增长收益。而在经济周期下行阶段，由于各国经济发展关联性较强，特别是主要经济体之间较强的相互依存性，经济增长乏力导致难以持续较快做大全球化蛋糕时，源自全球化的负面冲击、负面影响被放大，各国之间的相互依赖可能演变为相互拖累，相互踩踏。

全球经济增长步入周期性下行阶段。按照康德拉季耶夫经济长周期理论，以50年左右来划分，自1789年开始全球经济大体经历了五个长周期，每个周期的上下半场分别处于上升和下降状态。以信息技术革命为分界，1990年前后全球经济步入第五个长周期，预计将于2030年左右结束。始于1990年前后的这一轮全球化发展高潮正好与全球经济第五个长周期的上升阶段相重合，客观上为形成全球化繁荣提供了有利条件和基础。而以2008年国际金融危机的爆发为转折点，世界经济进入周期下行阶段，经济增长乏力，经济全球化带来的负面冲击和影响变大。

世界经济增长传统动力弱化，全球化红利增量缩减。危机以来，虽然世界经济缓慢复苏，但深层次结构性矛盾并未有效解决，传统增长动力在弱化。上一轮技术革命带来的增长效应逐渐衰减，新一轮技术革命蓄势待发，新产业、新技术、新业态不断涌现，但尚未形成有效驱动力。世界人口增速放缓和老龄化趋势不可逆转，使有效劳动力增长的驱动力也在弱化。据《世界人口展望》（2017），全球60岁以上人口占比从1990年的9.2%提高到2017年的12.7%，而到2050年将达到21.4%，中国、伊朗、加拿大、新西兰和欧洲大部分地区的老龄人口占比都会超过30%。在技术和劳动力双重因素影响下，世界经济潜在增长率不升反降。根据国际货币基金组织预测，2018—2022年世界经济年均增长3.8%，不及国际金融危机前10年4.2%的平均增速。经济增长放缓背景下，全球化红利增量提升的空间也将明显缩减。在此背景下，由需求快速扩张支撑生产扩大，进而全球经济总量扩张的循环关系受到冲击，数量扩张型全球化模式面临挑战。

4. 重大全球治理问题的成本和责任分担机制难以维系

目前发展动向表明，逆全球化已经不仅局限于经济全球化领域，而且已经扩展到全球重大问题治理机制层面，直接导致既有成本和责任分担机制难以维系。

一方面，发达国家在关系到切身利益的全球公共治理问题上更多抱有功利主义的思想。随着发展中国家整体实力增强以及发达国家从中获益的减少，发达国家不愿意承担更多国际责任，甚至有意逃避责任。以全球气候治理为例，发达国家与发展中国家难以达成共识，发达国家不作为和发展中国家难以作为现象突出。欧美等发达国家总是希望发展中国家能够就全球气候变暖承担更多的国际责任与义务，力图逃避造成气候问题的历史责任，极力强调气候治理的成本更多由发展中国家承担。发达国家对新兴经济体参与全球治理的欢迎度和容忍度明显下降。

另一方面，为应对国际金融危机，发达国家财政支出大规模扩张，在财政收入增长乏力的背景下，政府债务规模迅速扩大，财政陷入困顿状况。据经济合作与发展组织（OECD）报告（2018），2017 年 OECD 成员方政府债务占 GDP 比重平均达到 73%，超出国际公认 60% 的警戒线。美国政府负债率从 2008 年底的 43.3% 大幅跃升至 2017 年底的 76.3%，日本政府负债率始终超过 200%。欧盟 25 国的政府平均负债率从 2008 年的 61.4% 快速提高到 2016 年的 83.9%，欧元区 19 国的政府平均负债率从 68.6% 提高到 88.9%。作为欧盟两大经济体，德国和法国的政府负债率分别达到 68.1% 和 96.5%。发达国家普遍债台高筑，财政负担空间非常有限，这也在客观上造成发达国家倾向于减少在全球治理机制中承担的成本和责任。

（三）经济全球化发展的主要方向和新趋势

基于对当前经济全球化受阻原因的分析，我们需要明确的一个核心问题是，目前各种逆全球化做法解决不了经济全球化面临的各种问题。这是因为，发达国家目前面临的经济社会发展的各种问题，更多是由于自身的体制制度和政策取向不能适应经济社会发展的要求。发达国家如一味采取保护主义措施，即使重新回到闭关锁国的状态也无法实现内部利益分配的均衡，而且还会由于违背市场的力量导致经济发展受损，最终还是要回到全球化的道路上。当然，由于经济全球化发展已经进入转折变化时期，未来经济全球化的发展方向和趋势性特征必然与之前的全球化有所不同，而准确认识新趋势、新特征，是我们更好适应和引导全球化，并使之更好地促进世界各国发展进步的必要前提。

1. 经济全球化是不可逆转的全球发展潮流

一是经济全球化的决定性力量来自市场机制。20 世纪 90 年代以来全球化深入发展的根本制度基础在于市场经济体制的全球化。市场决定资源配置是市场经济的一般规律，市场经济本质上就是市场决定资源配置的经济。国家发展的实践也证明，忽视市场机制的自发作用就是违背了经济发展的客观规律，难以获得持续的经济增长。正因为此，原来实行计划经济的国家都先后向市场经济体制转轨，并且大多取得了比较显著的效果，其中尤以我国建立有中国特色的社会主义市场经济体制的成功实践为典型代表。市场机制决定了资源在世界范围内的配置，是国际分工体系形成的制度基础，也是各国经济发展“你中有我、我中有你”的根本推动力量。因此，经济全球化实际上就是市场机制在全球范围配置资源的过程，这也决定了经济全球化将是不可阻挡的趋势。

二是技术进步将进一步推动经济活动“无国界”发展。一方面，信息技术的迅猛发展和广泛应用，进一步降低了跨国沟通和信息搜寻等交易成本，“无国界”开展经济活动的便利性越来越突出。如近年来互联网贸易呈现快速发展态势，借助于大型的国际贸易电子商务平台，比如中国的阿里巴巴、美国的 ebay 等，成千上万的中小企业可以“卖全球”，世界各国消费者可以方便地实现“买全球”。这打破了以往由大公司垄断国际贸易的格局，也使得“无国界”的经济活动更深入人心。另一方面，远程智能技术的发展将突破劳动力移动的限制，降低“面对面”服务的成本，服务贸易的全球化将会进入一个快速发展的时期。未来技术进步将进一步消除世界各国的空间距离感，“无国界”的经济活动将达到一个新的发展高度。

三是新兴中产阶级的大量涌现推动全球化需求增长。以往经济全球化的主要需求驱动力来自发达国家，并形成了发达国家消费、发展中国家生产的全球化生产—消费循环。未来新兴发展中国家中将涌现出规模庞大的新中产消费者。联合国开发计划署《2013 年人类发展报告》预测，到 2030 年世界 80% 的中产阶级将生活在发展中国家。一些机构的研究报告也指出，按照购买力平价估算，到 2025 年，12 个新兴发展中国家或将涌现出约 10 亿的中产消费者；到 2025 年，全球中产阶级人数将增加到 49 亿，中国、印度、发达国家的中产阶级人数将分别达到 10 亿、5 亿和 7.5 亿。[①] 新兴发展中国家的中产阶级将具有很强的消费增长潜力，更易于接受全球化的生活方式和消费方式，将成为全球需求的新主导力量，并将进一步推动全球化需求的发展，进而支撑经济全球化进一步深入发展。

四是推动全球化继续深入发展是国际主流意识。经济全球化不是零和博弈，有着非常清楚的利益导向。各国参与经济全球化的目标都是要获得更好的经济增长。经济全球化是社会生产力发展的客观要求和科技进步的必然结果，是改善人民生活、创造人类文明的有效途径。

近年来在多边合作机制和平台下，各国对经济全球化的发展前景进行了深入讨论，形成一些重要共识，比如全球化的基本原则和积极面应予以充分肯定和坚持；全球化要照顾到边缘化和利益受损的人群。如在 2016 年 G20 杭州峰会上，各国领导人承诺推动贸易投资自由化和便利化，加强开放型世界经济；2017 年 G20 汉堡峰会上，领导人一致支持全球化，承诺市场开放，反对贸易保护主义。根据有关资料[②]，欧盟最新民意调查显示，欧洲人对一体化的看法日益积极，并且支持率还有继续上升的趋势。发达国家比其他国家都更加清楚任何国家都不会在去全球化中真正受益，出于自身利益考虑，发达国家不会真正反对或退出全球化。

2. 新阶段经济全球化发展的新特征

一是经济全球化将从不平衡到平衡的“新国际秩序”转变，塑造共赢共享的全球化。新阶段的经济全球化将必须以有效解决发展不平衡问题为主要方向。世界各国应携起手共同努力推动构建从不平衡到平衡的全球经济治理，其核心要义就是要明确重塑

---

① 奥美：《锐速 12 国报告》，http：//finance. sina. com. cn/stock/usstock/c/2016 - 08 - 24/us - ifxvcsrn9138336. shtml。

② http：//finance. china. com. cn/roll/20170807/4340061. shtml。

“共赢共享”的经济全球化。从现实政治的角度，共赢共享的全球化需要重视解决国内收入分配不平衡的问题，特别是发达国家穷人的发展问题。要正视发达国家对国际体系的实际影响力，推动发达国家解决好国内弱势群体的发展问题。中国维护和促进世界经济稳定增长，通过积极扩大进口，为其他国家提供分享中国市场增长的机会，有助于实现经济全球化再平衡。各国都应重视加快国内改革，以更好解决收入分配不公平问题。从政治正确的角度看，共赢共享的全球化要合理照顾发展中国家的利益。平衡的“新国际秩序”要求的是发达国家与发展中国家大致平衡的发展格局，这是整个世界不断向前发展的重要基础。应不断推进全球经济治理机制的改革完善，全面客观地反映发展中国家地位不断提升的现实，更有效地体现发展中国家的利益诉求，更好地实现全球化收益的均衡分配，使发达国家与发展中国家之间真正实现联动发展和共享发展。需要重视的是，要对提高国家间基础设施的连通性给予更高关注。到目前为止，经济全球化的发展更多发端于海洋并且也为沿海国家或地区的发展提供了更好的机会。而内陆型国家由于交通便利性较差，在全球化中发展空间相对受限。新阶段的经济全球化要实现从沿海型全球化向内陆型全球化的转变，就要彻底消除国家间陆路交通的障碍，重视提高内陆型国家与外部世界的物理连通性。

二是经济全球化将从不包容到包容的“新经济模式”转变，塑造包容开放的经济全球化。多样性是世界前进的动力和源泉，各国必须走适合本国国情的发展道路。在经济全球化的发展中，要包容开放地对待各国多样性的经济发展模式。要摒弃新自由主义倡导全面自由化的发展标准，承认不同发展模式、发展道路的适用性和有效性。当前出现的多边或区域经济合作协定政治化的倾向，即把地缘政治的考虑掺杂进贸易投资合作安排中，这在根本上不利于经济全球化的健康发展。因而，包容开放的全球经济发展模式要求建立能够反映世界多极化现实、更加强调以规则制度来协调的全球治理体系。

三是经济全球化将从不可持续到可持续的“新生态体系”转变，塑造可持续的经济全球化。全球经济可持续的“新生态体系”应包括两个方面：一方面，要正视国家间发展不平衡问题，各国应共同努力探索建立国家间收益补偿机制。在国际经济体系中，大国相对小国而言从全球化中获益更多，自身可持续发展能力更强，大国经济波动的外溢效应更大，小国更容易受到冲击。因此，经济大国应对全球经济体系的可持续健康发展担负更多的责任。大国应合力引导好经济全球化走向，提供更多先进理念和公共产品，推动建立更加均衡普惠的治理模式和规则，促进国际分工体系和全球价值链优化重塑。比如，中美作为世界两个最大的经济体，在处理中美之间贸易矛盾时应更多从为全球发展营造良好环境和更好带动其他国家共同发展的角度来考虑。另一方面，要重视发挥创新驱动全球经济增长的作用，努力培育全球经济增长新动能。创新是发展的源泉动力。在当下全球经济增长面临传统动能逐渐弱化的背景下，国际社会应更加重视鼓励创新，通过创新来孕育增长新动能，通过创新来寻求解决全球发展问题的新路径。发达国家作为全球创新资源的高地，应在推动创新资源和成果向全球扩散方面发挥更大的作用。

二、经济全球化的新动向新趋势对我国开放型经济发展的总体影响

经济全球化的新动向新趋势会对我国开放型经济发展带来短期冲击或负面影响，但同时也为我国推动全球化持续健康发展提供了机遇。

（一）对我国开放型经济发展的挑战

1. 对我国对外贸易的挑战

2008 年全球金融危机以来的近十年间，在外需市场下滑、全球化新趋势、全球经贸规则调整、我国外贸发展条件变化等多方面因素作用下，我国对外贸易呈现增速下降、结构调整、模式演变等特征。

一是对外贸易总额年均增速明显下降。2007—2016 年间，我国的进口额、出口额分别由 2007 年的 12204. 62 亿美元和 9561. 16 亿美元增加到 2016 年的 20981. 50 亿美元和 15874. 20 亿美元，进、出口年均增速分别为 6. 21%、5. 80%，贸易顺差额年均增速则达到 7. 59%。在进出口保持增长的同时，我国对外贸易的依存度下降明显。从贸易总额占 GDP 比重来看，由 2007 年的 61. 75% 下降至 2016 年的 32. 70%，降低了 29. 05 个百分点；贸易顺差占 GDP 比重由 2007 年的 7. 50% 下降至 2016 年的 4. 50%，下降了 3 个百分点（见表 1 - 1）。

表 1 - 1　2007—2016 年中国进出口总量及占 GDP 比重（亿美元,%）

年份	出口	进口	顺差	贸易总额占 GDP 比重	顺差占 GDP 比重
2007	12204. 62	9561. 16	2643. 46	61. 75	7. 50
2008	14306. 91	11325. 67	2981. 24	56. 31	6. 53
2009	12016. 10	10059. 23	1956. 87	43. 16	3. 84
2010	15777. 54	13962. 44	1815. 10	48. 84	2. 98
2011	18983. 81	17434. 84	1548. 97	48. 31	2. 06
2012	20487. 14	18184. 05	2303. 09	45. 18	2. 70
2013	22090. 04	19499. 89	2590. 15	43. 39	2. 71
2014	23422. 93	19592. 35	3830. 58	41. 05	3. 65
2015	22734. 68	16795. 64	5939. 04	35. 68	5. 35
2016	20981. 50	15874. 20	5107. 30	32. 70	4. 50

数据来源：wind 数据库及作者计算。

二是我国对外贸易在全球贸易中的份额触顶回落。国际金融危机爆发以来，我国贸易总额占全球贸易总额的比例，经历了一个先快速增长、达顶峰后出现回落的轨迹。我

国对外贸易的全球占比，由2007年的7.68%上升至2015年的11.90%，上升了4.22个百分点；进口额占世界总进口的比例由2007年的6.82%上升至2015年的10.19%，上升了3.37个百分点；出口额占世界总出口的比例由2007年的8.53%上升至2015年的13.58%，上升了5.05个百分点，而在2016年，以上三个比例均出现了不同程度的下降（见表1-2）。

表1-2　2007—2016年中国进出口占世界进出口比重（%）

年　份	进出口总额占全球总进出口比例	进口额占世界总进口比例	出口额占世界总出口比例
2007	7.68	6.82	8.53
2008	7.84	7.02	8.65
2009	8.73	8.02	9.43
2010	9.65	9.13	10.17
2011	9.89	9.51	10.26
2012	10.40	9.83	10.95
2013	10.95	10.29	11.62
2014	11.29	10.31	12.26
2015	11.90	10.19	13.58
2016	11.45	9.95	12.93

数据来源：wind数据库及作者计算。

三是加工贸易占比出现持续快速下降。2007—2017年，我国贸易方式结构不断变化，加工贸易占比持续下降，一般贸易和其他贸易占比则持续上升（见表1-3）。从进口来看，加工贸易占比由2007年的50.60%下降至2017年的33.09%，而一般贸易和其他贸易则分别由2007年的44.15%和5.25%上升至2017年的54.90%和12.01%；从出口来看，加工贸易占比由2007年的38.60%下降至2017年的23.27%，而一般贸易和其他贸易则分别由2007年的44.81%和16.60%上升至2017年的59.07%和17.65%。相比加工贸易，汇率的变化更易影响一般贸易，随着我国贸易呈现向一般贸易发展，我国对外贸易的价格弹性将显著增强，这种情况下人民币汇率波动的贸易影响将明显提高。

表1-3　2007—2017年中国对外贸易方式比例变化情况（%）

年份	进　口			出　口		
	一般贸易	加工贸易	其他贸易	一般贸易	加工贸易	其他贸易
2007	44.15	50.60	5.25	44.81	38.60	16.60
2008	46.32	47.21	6.47	50.46	33.43	16.11
2009	44.11	48.86	7.03	52.89	32.05	15.05
2010	45.70	46.95	7.35	54.93	29.91	15.16

续表

年份	进　口			出　口		
	一般贸易	加工贸易	其他贸易	一般贸易	加工贸易	其他贸易
2011	48.33	44.03	7.64	57.65	26.96	15.39
2012	48.25	42.15	9.60	56.14	26.49	17.37
2013	49.25	38.99	11.76	56.85	25.51	17.64
2014	51.41	37.77	10.82	56.71	26.85	16.44
2015	53.77	35.16	11.07	55.01	26.69	18.30
2016	55.58	34.23	10.20	56.49	25.10	18.41
2017	54.90	33.09	12.01	59.07	23.27	17.65

数据来源：wind 数据库及作者计算，其中 2017 年数据为 1—9 月数据合计。

四是服务贸易逆差快速扩大。2006—2015 年，我国服务贸易出口和进口额均快速增长，分别由 2006 年的 1030 亿美元和 1008 亿美元增加到 2015 年的 2186 亿美元和 4355 亿美元，年均增幅分别为 8.72% 和 17.66%，大大快于同期总进出口的增长；服务贸易额占全部贸易额的比重呈现出较大幅度的上升，由 2006 年的 11.84% 上升至 2015 年的 15.16%，增加了 3.32 个百分点。需要注意的是，虽然我国服务贸易呈现出快速增长的势头，但是和商品贸易的大量顺差相比，服务贸易长期处于逆差状态，从 2009 年开始服务贸易由顺差向逆差转变，2009—2015 年服务贸易的逆差以年均 55.58% 的速度增长（见表 1－4）。从长期看，这不利于促进我国服务业发展及提高服务业国际竞争力，未来对于解决贸易失衡的一个关注重点应放在逐步缓解服务贸易逆差上。

表 1－4　2006—2015 年中国服务贸易进出口额及占贸易总额比值（亿美元，%）

年份	服务进口	服务出口	服务贸易逆差	服务进口增速	服务出口增速	服务逆差增速	服务贸易进出口占总进出口比重
2006	1008	1030	－22	20.00	22.18	600.00	11.84
2007	1301	1353	－52	29.07	31.36	136.36	11.58
2008	1589	1633	－44	22.14	20.69	－15.38	12.19
2009	1589	1436	153	0.00	－12.06	－447.73	12.57
2010	1934	1783	151	21.71	24.16	－1.31	13.70
2011	2478	2010	468	28.13	12.73	209.93	12.50
2012	2813	2016	797	13.52	0.30	70.30	12.33
2013	3306	2070	1236	17.53	2.68	55.08	12.49
2014	4329	2191	2138	30.94	5.85	72.98	12.93
2015	4355	2186	2169	0.60	－0.23	1.50	15.16

数据来源：wind 数据库及作者计算。

五是外需替代和贸易壁垒共同作用下，我国对发达国家贸易占比出现快速下降（见表1－5）。与发达国家贸易方面，尽管进出口仍保持上升之势，但从发达国家贸易占我国贸易总额的占比看，则由2007年的44.50%下降至2016年的40.56%，下降了3.94个百分点。其中，对发达国家的出口占比下降更快，由2007年的50.58%下降至2016年的43.75%，下降了6.83个百分点。

表1－5 2007—2016年中国与发达国家进出口额及占中国对外贸易比重（亿美元，%）

年份	出口	进口	出口占中国出口比重	进口占中国进口比重	进出口总额占中国进出口总额比重
2007	6173.57	3511.21	50.58	36.72	44.50
2008	7053.36	4149.42	49.30	36.64	43.71
2009	5933.31	3876.03	49.38	38.53	44.44
2010	7650.43	5229.75	48.49	37.46	43.31
2011	8879.89	6328.41	46.78	36.30	41.76
2012	9032.93	6305.57	44.09	34.68	39.66
2013	9244.66	6589.45	41.85	33.79	38.07
2014	9855.68	6892.52	42.08	35.18	38.94
2015	9708.33	6004.97	42.70	35.75	39.75
2016	9179.91	5768.70	43.75	36.34	40.56

数据来源：wind数据库及作者计算；表中发达国家范围：美国、日本、欧盟、加拿大以及澳大利亚。

六是我国对新兴市场国家和"一带一路"沿线国家贸易虽快速增长，但仍难对冲我国对发达国家外贸的下降之势。我国与新兴市场和"一带一路"沿线国家贸易均出现了快速上升，其中：对新兴市场国家出口和进口分别由2007年的1098.99亿美元和767.44亿美元增加到2016年的2214.16亿美元和1476.02亿美元，年均增幅分别为8.09%和7.54%；对"一带一路"沿线国家出口、进口分别由2007年的2419.34亿美元和1959.69亿美元增加到2016年的5609.78亿美元和3350.12亿美元，年均增幅分别为9.80%和6.14%。尽管我国贸易对象出现了新平衡的态势，但从贸易绝对体量上看，新兴市场国家和"一带一路"沿线国家在相当长一段时期还难以充当有替代能力的贸易对象，发达国家需求状况仍然是稳贸易、稳增长的关键变量。

2. 对我国引进和利用外资的挑战

利用外资是我国改革开放以来经济发展的有效战略和长期方针，是对外开放基本国策的重要内容。改革开放以来，我国不断提高开放水平，促进投资便利化，成为全球跨国投资主要目的地之一。尽管从经济基本面来看，长期中我国综合投资环境仍然对外资具有较大吸引力，吸引外资将继续保持较高水平，但短期内我国利用外资中也存在着一系列新问题需要解决，包括如何进一步稳定外资规模、提高外资利用质量，优化外资结构，更好地发挥外资在我国产业转型升级和区域协调发展中的作用等。经济全球化新趋势对我国利用外资的影响表现在以下方面：

一是对我国外资流入的规模构成不确定性。我国外商投资水平无论是纵向还是横向比较均呈现增速放缓态势，稳定外商投资的规模和增速的难度有所提升。从纵向看，随着世界经济长期增长率下降，发达经济体进入结构性低迷增长的“新平庸”时代，全球外商投资与我国利用外资增速水平均明显放缓。从横向看，受美国经济复苏的利好影响，发达经济体的 FDI 流入规模较上年增长了 5%。相反，经济增长放缓和大宗商品价格下跌则对流入发展中经济体的 FDI 造成较大不利影响，发展中经济体 FDI 流入量总体减少了 14%。2016 年，我国吸引 FDI 流入规模由 2014 年的第一位回落至美国和英国之后，处于全球第三位，增速明显低于同期发达经济体增速。

二是对我国外商投资结构优化构成一定阻力。美国作为世界最大的对外投资来源国，特朗普政府引导制造业投资回流。以美国为首的发达国家实施再制造业战略，更加重视吸引投资，跨境资本流动向发达经济体转向，加剧了新兴经济体的引资竞争。从我国自身来看，长期以来我国利用外商投资来源地偏窄的问题一直较为突出。发达经济体投资回流将进一步阻碍我国优化利用外资的来源构成，降低欧美等发达经济体的外商投资占比，“被动”提高香港地区投资的比重。考虑到香港地区的产业结构中服务业占比高达 90% 以上，外商投资行业主要集中在房地产、物流、中介服务、信息产业和零售业等领域，过度依靠香港地区外资流入有可能导致我国外商投资中制造业占比持续下降，服务业和制造业内部的产业优化升级缓慢。此外，由于中西部地区的吸引外资流入主要依靠承接东部地区的制造业产业转移，制造业外商投资增长放缓也不利于我国不同区域利用外资的协调发展。

三是对我国利用外资方式的多样化提出了更高要求。当前，全球价值链分工已经成为国际生产模式的核心。在价值链贸易模式下，跨国公司必须通过在全球范围内资源整合、要素配置效率和生产率的提高获得利润增长。因此，近年来国际投资发展表现出的一大特点是跨国公司在跨境直接投资中的地位不断提高，跨国并购已逐渐成为国际直接投资尤其是服务业外商投资的最主要方式，全球跨国投资额中并购投资的比例已超过 80%。

与跨境贸易和绿地投资相比，跨境并购大大缩短了企业参与全球化生产的进程，有利于企业加速整合和贯通全球价值链，是全球价值链改造中最高效、最直接的方式。在国际金融危机后，全球经济复苏乏力，大量被收购企业面临困境的情况下，海外企业可以通过并购帮助其摆脱困境，迅速获得技术、品牌、人才、遍及全球的营销网络，及时把握国际市场机遇，高效地完成资源整合和市场布局，快速实现企业国际化发展。在此趋势下，我国利用外资方式的多元化发展相对缓慢，主要依靠外商独资企业和绿地投资的外资利用方式将制约我国长期中外资利用水平的进一步提高。为进一步扩大我国的外商投资规模，同时充分发挥外商投资重大项目对我国产业结构升级的辐射和示范作用，我国引进外资必须顺应国际趋势，积极拓宽外资利用方式，大力促进跨国并购和外商合资企业的发展。

3. 对我国对外投资的挑战

一是对外投资增速出现阶梯型下滑。近年来，贸易保护主义、投资保护主义和民粹主义兴起，地缘政治冲突和局部地区持续动荡，国际贸易持续低迷、国际金融市场风险上升，跨国公司投资信心大幅下降。同时，发达国家引导制造业回流、跨国公司本身进行资产负债表修复，发达国家大型跨国公司在全球部署产业链的趋向明显转弱。2016 年全球外国直接投资流量 1.52 万亿美元，比上年下降了 13%，其中发达国家对外直接投资流量下降了 11%。我国对外直接投资规模虽然持续上升但增速出现阶梯型下滑。自 2003 年有关部门权威发布年度数据以来，我国对外直接投资实现 14 年连增，2016 年对外直接投资流量是 2002 年的 72.7 倍，达到 1962 亿美元、占全球的 13.5%，仅次于美国（2990 亿美元、全球占比 20.6%），连续两年位居世界第二位（见图 1－7）。2016 年对外直接投资存量是 2002 年的 45.4 倍，达到 13574 亿美元、占全球的 5.2%，仅次于美国（6.38 万亿美元）、中国香港（1.53 万亿美元）、英国（1.44 万亿美元）、日本（1.4 万亿美元）和德国（1.37 万亿美元），位居世界第六位（见图 1－8）。同期，我国对外直接投资流量年均增速出现阶梯型下滑，从危机前 2003—2008 年的 66.9% 下降到了危机后 2009—2016 年的 17.4%，甚至是 2017 年上半年的 －45.8%（见图 1－7）。

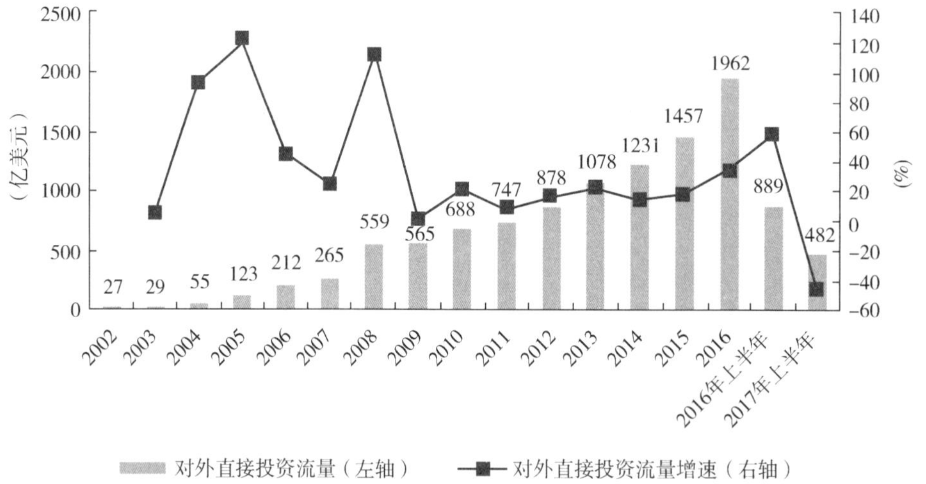

图 1－7 2002—2017 年上半年中国对外直接投资流量及其增速

注：2016 年上半年和 2017 年上半年为非金融类对外直接投资数据。

数据来源：商务部网站。

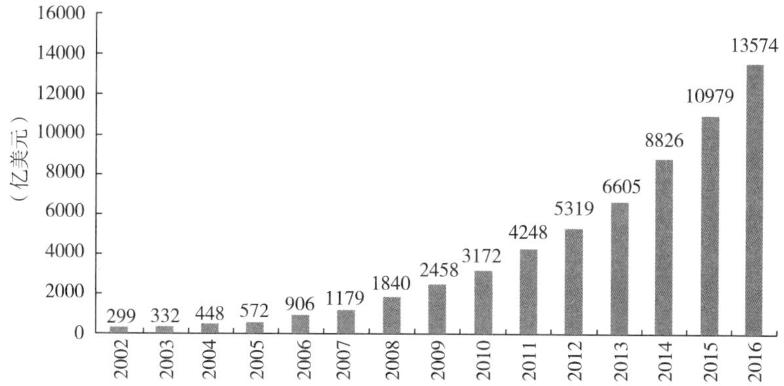

图 1－8　2002—2016 年中国对外直接投资存量

数据来源：商务部网站。

二是跨国并购投资面临更多不确定性。对外直接投资方式包括新设投资，即绿地投资，以及并购投资，其中跨国并购是企业实现国际化快速发展的捷径。不同的投资方式代表着不同的国际资源配置方式，也面临着不同程度的投资风险。近年来，我国企业“走出去”步伐加快，境外并购案例数从 2012 年的 196 起急剧上升到了 2016 年的 772 起，并购金额数上升到了 2016 年的 1353.3 亿美元。2008 年国际金融危机后，随着逆全球化背景下的不确定性因素增加，尤其是多起“黑天鹅事件”的发生，国际投资保护主义抬头，一些国家对正常的国际资本流动采取限制措施，对国际直接投资采取针对性极强的歧视性限制，我国企业跨国并购失败风险上升。我国企业对外直接投资并购金额增速及占对外直接投资流量比重呈下降趋势，其中年均增速从 2005—2008 年的 124.9% 下降到了危机后 2009—2016 年的 30.4%，年均占比从 2004—2008 年的 44.8% 下降到了 2009—2016 年的 34.1%。尤其是 2017 年上半年以来，我国对外并购交易仅 302 宗、交易额仅 657 亿美元，同比下降 51%。当然，随着我国企业海外投资经验的积累，融资渠道也变得越来越广泛，许多企业逐渐使用创新的海外融资渠道应对东道国的投资保护主义并控制海外投资风险（见图 1－9、图 1－10）。

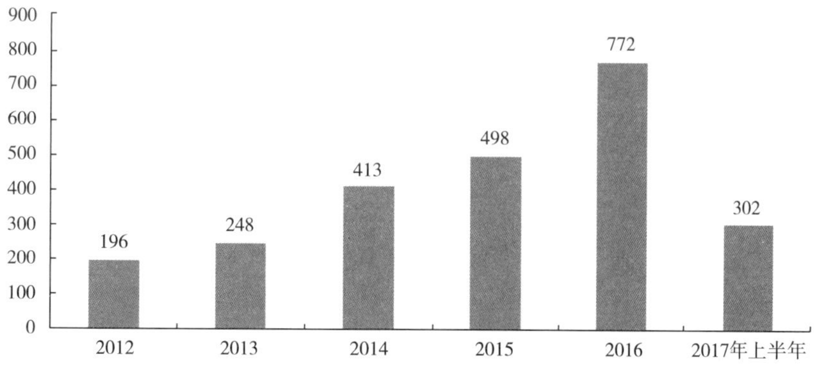

图 1－9　2012—2017 年上半年我国对外直接投资并购案例数（起）

数据来源：全球化智库（CCG）。

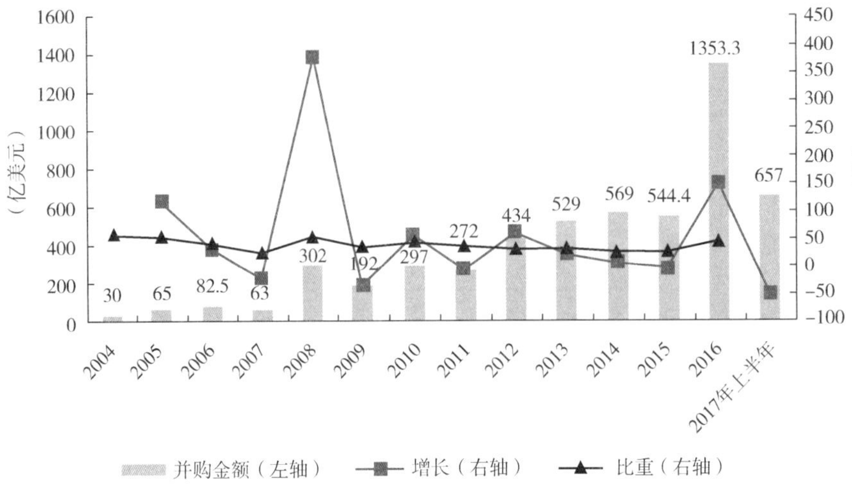

图 1－10　2004—2017 年上半年我国对外直接投资并购金额情况

数据来源：商务部网站。

三是国有企业跨国投资受到更多阻力。长期以来，国有企业是我国海外投资的主力军，但近年来随着逆全球化态势蔓延，其海外投资面临的政治风险、社会风险加剧，尤其是在收购所谓涉及国家安全的能源、科技类等行业企业所受到的所有制歧视、国家安全与意识形态冲突更多。例如，美国曾试图在 TPP 自由贸易协定中增设规范国有企业经营行为的条款；加拿大政府告诫只有在“例外”情况下才会批准中国国有企业收购加拿大油砂资产。随着部分国家对我国国有企业海外投资的抵制增加，国有企业投资失败案例频频出现、占比呈下滑趋势。例如，2005 年中海油收购加州优尼科被美国外国投资委员会拒绝；2014 年墨西哥政府无限期撤回中国铁路建设公司领导的中国财团赢得的高铁项目投标等。我国国有企业海外直接投资占比从 2006 年的 81.0% 下降到了 2016 年的 54.3%，年均降幅达 2.7 个百分点。而同期的民营企业海外直接投资虽有波折，但总体发展迅猛，投资金额从 18 亿美元增加到 1549.1 亿美元，投资案例数从 5 个增加到 395 个，海外直接投资占比则从 19% 提高到 45.7%，年均增幅达到 2.7 个百分点。（见图 1－11、图 1－12）。

四是流向欧美等部分发达国家的对外直接投资占比持续较低。随着逆全球化思潮兴起，部分国家尤其是部分欧美发达国家对我国海外投资行为设置了更多壁垒，使得国内投资者在海外投资过程中屡屡受挫。例如，2007 年美国颁布《艾克森－佛罗里奥修正案》《2007 年外国投资法和国家安全法》及 2008 年颁布《关于外国人收购、兼并和接管的条例》提高了外国投资者市场准入限制；2005 年以来，法国等欧盟国家对跨国并购设置投资壁垒，尤其是在银行、钢铁和能源行业设置更多障碍。我国在北美、欧洲等地区的对外直接投资占比虽有小幅上升但仍然较低，各年对外直接投资流量占比不到 17%、存量占比不到 13.5%，远低于在亚洲地区和拉美地区的投资比重（流量占比 80% 左右、存量占比 80% 以上）（见表 1－6、图 1－13）。

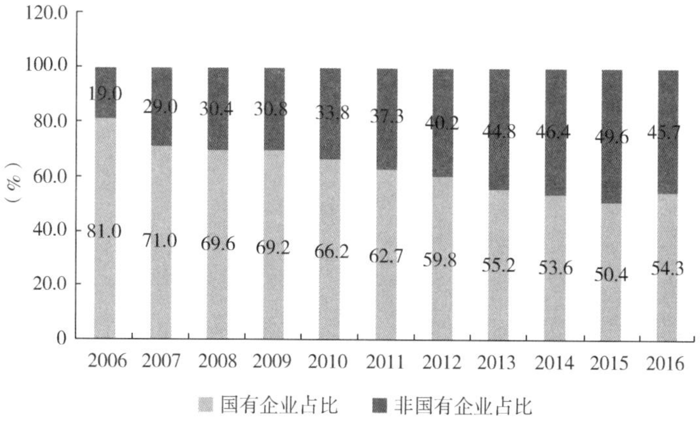

图1－11　我国非金融类对外直接投资存量投资主体占比

数据来源：商务部网站。

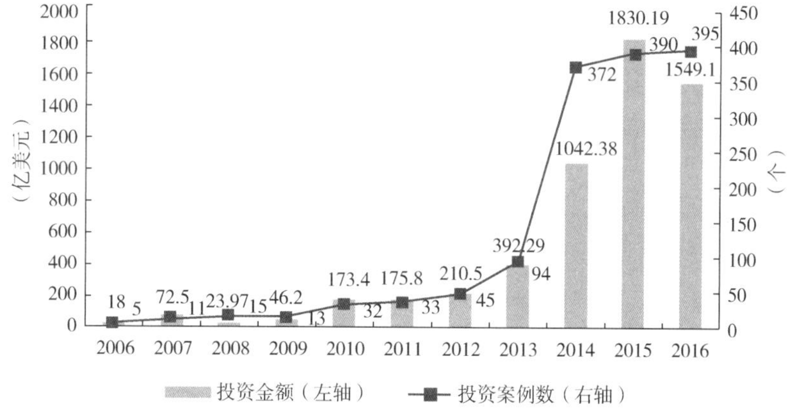

图1－12　民营企业海外投资情况

数据来源：全球化智库（CCG）。

表1－6　主要年份对外直接投资流量地区分布（%）

地区	2006	2008	2010	2012	2014	2016
亚洲	43.4	77.9	65.3	73.8	69	66.4
拉丁美洲	48	6.6	15.3	7	8.6	13.9
北美洲	1.5	0.6	3.8	5.6	7.5	10.4
欧洲	3.4	1.6	9.8	8	8.8	5.4
大洋洲	0.8	3.5	2.7	2.7	3.5	2.7
非洲	2.9	9.8	3.1	2.9	2.6	1.2

数据来源：商务部网站。

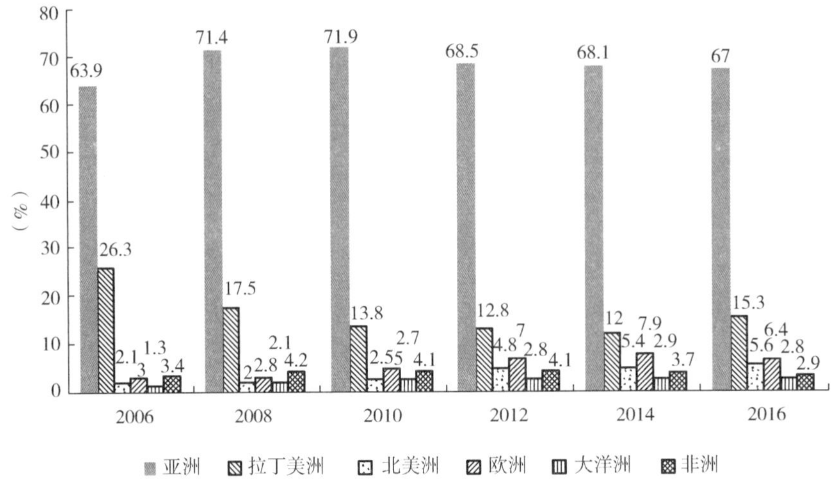

图 1－13　主要年份对外直接投资存量地区分布

数据来源：商务部网站。

4. 对我国利用外债的挑战

近年来，随着全球化发展呈现出新的趋势，我国外债利用和管理的环境也发生了重大转变。内部方面，随着我国金融体系不断深化发展，金融开放水平不断提升，外债管理改革和便利化措施的落地实施将有利于企业综合利用境内外资本市场；外部方面，在近期美国联邦储备委员会（简称美联储）启动加息进程，境内外利差缩小，人民币汇率波动风险依然存在的宏观背景下，在控制风险的前提下适当扩大外债规模是我国跨境资金宏观调控实现“扩流入”目标的重要方式。考虑到未来我国金融机构和企业的外债规模将不断扩大，波动性也将有所增强，有必要探索完善全口径的外债管理体系，进一步提升我国外债的利用效率。总体而言，美联储退出量化宽松，国际货币政策调整将对我国利用外债形成以下挑战：

一是对我国外债的资金成本形成上行压力。一方面，2008 年国际金融危机以来，在美国、欧元区、日本等发达经济体先后推出量化宽松等积极的货币政策后，国际市场的外币利率普遍维持在较低水平；与其相对比，尽管我国在国际金融危机后也先后进行了降准降息等扩张性货币政策操作，但是境内人民币利率仍保持在相对较高的水平。较大的境内外利差为我国企业举借外债提供了较低的成本优势，国内企业可以通过境外发债实现较境内更低成本的融资。而 2017 年末以来，随着美联储缩表、加息等货币政策由松向紧转向，[①] 境内外利差有所收窄。另一方面，随着美国经济逐渐复苏，美元指数不断走强，人民币汇率由以往的单边升值预期转为双向波动常态化，也使外债的资金成本有所提高，不利于境内企业通过举借外债进一步降低融资成本。

二是导致我国外债规模的波动性提高。尽管从总规模来看，当前我国外债波动处

① 参见附件文章《美联储加息缩表趋势、影响和对策》。

于合理区间，外债的绝对水平相对于经济总量而言仍较低，但从长期来看，我国外债的波动将有所扩大。通过实施全口径跨境融资宏观审慎管理，我国已建立宏观审慎规则下基于微观主体资本或净资产的跨境融资约束机制，企业和金融机构均可按照规定自主开展本外币跨境融资。在当前境内信贷环境持续宽松，融资成本大幅降低，人民币汇率呈现更多双向波动且市场预期分化的情况下，境内企业的外债规模在短期内并不会发生跳跃式增长。但从长期看，随着我国综合国力和企业实力的提升，境内主体多元化资产配置的需求进一步提高，外债管理改革和便利化措施的落地实施将有利于企业综合利用境内外资本市场，外债规模的扩大和波动性提高将有可能成为我国未来外债管理的新常态。

三是引发我国外债的潜在风险上升。国际金融危机后，国际资本流动回归常态化，整体规模有所缩小，并且逐步由危机中的大量流入新兴经济体转为流出。从历史经验看，美联储进入加息周期往往会对新兴市场形成较大冲击，先后引发了20世纪80年代的拉美债务危机和90年代中期的亚洲金融危机。尽管总体看，我国经济增速在世界范围内仍处于较高水平、财政状况相对良好、金融体系总体稳健、经常账户持续顺差和外汇储备依然充裕，外债风险总体可控，能够抵御和逐步适应境内主体对外资产负债的调整。

但是2016年以来，全球政治经济社会领域“黑天鹅事件”频现，金融市场波动明显加剧。由于我国外债的期限结构中短期外债的占比高达61%，币种结构中外币外债余额占比高达66%，企业的对外清偿能力对利差和汇差的调整较为敏感。未来随着美联储缩表和加息政策逐步落地，在境内外利差或汇差条件发生改变，势必将对我国企业外债偿还能力形成一定不利影响。同时，随着我国境内企业和政府部门积极扩大外债利用水平，我国外债的风险也将有所提高，因此在“扩流入”的同时，监管部门需高度关注外债相关风险，有效防范外债期限和币种错配等风险，并以此防范异常跨境资金流动风险，维护国家经济金融安全。

（二）经济全球化新动向新趋势为中国在全球化中发挥重要作用提供了机遇

客观上看，国际金融危机之后反全球化潮流的再次兴起实际上就是经济全球化快速发展过程中存在的各种问题的集中爆发，提示各国要正视全球化，反思全球化，特别是对以往全球化治理理念和治理机制进行全面再认识。从人类社会发展的方向和趋势看，经济全球化是不可逆转的发展潮流。更好地推动经济全球化发展要求适应国际经济体系格局变化的需要，改革完善全球化治理理念和治理机制，需要有新的推动力量和新的发展理念来引领新一轮经济全球化，这为以中国为代表的新兴经济体在全球化中发挥与自身实力相匹配的影响作用提供了重要机遇。总体而言，作为世界第二大经济体和最主要的拉动经济增长的力量，中国经济的持续健康发展能够对经济全球化产生重要的推动作用，经济全球化发展的新趋势为中国在发展理念、机制倡议和实践引导三个层面发挥积极作用提供了有利条件，中国过去是经济全球化的参与者和跟随者，现在更是全球化的重要参与者和推动者。

1. 中国倡导的共享发展理念能够更加富有影响力

作为新发展理念之一，共享发展理念不仅体现为国内发展应以人民为中心，使全体人民在共建共享中有更多获得感，而且也是新的历史阶段中国扩大对外开放的基本价值取向。针对当前经济全球化发展的新动向和发展中存在的问题，中国倡导的共享发展理念主要体现在：

一是中国会继续为世界经济增长持续提供动力和更多公共产品。作为世界第一大货物贸易国、第三大吸引外资国、第二大对外投资国和第一大外汇储备国，中国经济的持续健康发展对世界经济稳定增长具有决定性作用，从而可为经济全球化的发展提供稳定的基础。同时，中国通过不断提高贸易和投资便利化水平，贸易和投资规模将持续扩大，对于促进贸易全球化和国际资本流动将产生积极作用，构成了支撑经济全球化发展的主要力量。此外，随着中国总体实力的增强以及与世界互动联系进一步深化，中国将承担起更多与实力相匹配的国际责任，国际社会对于中国发挥更大作用也有更高的期待。中国秉持尊重发展多元性和利益诉求多样性的基本原则，中国提供的公共产品更能满足不同发展阶段国家的多样性需求，更能照顾利益诉求，为促进各国共享发展提供良好的基础。

二是中国的发展将为其他国家提供更多发展的机会和空间，分享中国改革开放和经济发展的成果。更加平衡的中国与世界经济发展联系有助于形成“互促互荣”的发展格局。作为对世界经济增长贡献最高的国家，中国的发展对其他国家而言意味着更多发展机会和更大的发展空间。中国是世界最大的国内市场之一，中国持续快速的发展将为世界带来快速增长的市场空间，成为重要的需求驱动力量。在新的历史阶段，中国将更注重实现引进来与走出去的平衡发展，通过与更多国家分享中国改革开放和经济发展的成果，能有力促进各国真正实现共享发展。各国真正实现共享发展是平衡、包容和可持续的经济全球化的核心内容，这也是经济全球化继续繁荣发展的根本动力所在。

综上所述，中国提出以共享发展理念来推进新一轮经济全球化，不是空泛的，停留在概念上的，而是以中国自身的成功实践为基本支撑，以中国继续崛起发展为基本保障。在当前经济全球化发展处于转折点的历史背景下，中国倡导的共享发展理念针对全球化发展中的问题提供了现实可行的路径和方案，契合了世界对继续推进全球化的共同要求，回应了世界对中国积极发挥作用的期待，因而能够更加富有影响力，可能成为新一轮经济全球化的基本治理理念。

2. 中国主导的机制倡议能够获得更多共识

共建“一带一路”倡议是我国积极推动新型经济全球化的一面旗帜，坚持加强合作是应对挑战和困难的唯一出路，顺应了历史发展潮流和国际社会的期待。当前经济全球化发展遇到的各种阻力和困难实质上是在各国利益关联更加密切基础上所面临的共同挑战的表现。主要包括，传统增长引擎对经济的拉动作用减弱，世界经济增长乏力；符合全人类利益的开放合作理念面临威胁；全球经济治理体系未能反映客观变化，体制机制革新进展缓慢；互利共赢的全球价值链尚未成型；很多国家基础设施不足，区域、次区域发展面临瓶颈制约等。面对这些挑战和困难，发达经济体作为世界经济发展传统的领导性力量，本应积极发挥作用，通过主动改革和完善既有机制来带领全球经济复苏发展。但事实上，部分发达经济体反而以“以邻为壑”的方式选择逃避解决问题的责任，对经济全球化的质疑之声不绝于耳，和平合作的世界发展方向发生了动摇，国际社会对创新的发展理念和更符合共同利益的发展方案有很高的期待和要求。在此背景下，中国作为最大的发展中国家和全球第二大经济体，提出共建“一带一路”的合作倡议，担当起维护开放型世界经济体系，推动国际经济治理体系朝着公平、公正、合理方向发展的大国责任，指明了新型经济全球化发展的方向，回应了国际社会的期待。

共建“一带一路”倡议获得了广泛认同和高度共识。一方面，共建“一带一路”合作是所有国家不分大小、贫富，平等相待共同参与的合作，体现了和平合作、互利共赢的基本原则，完善了开放合作的理念，为新一轮经济全球化提供了基本理念支撑。另一方面，共建“一带一路”合作强调各国共商共建共享，针对发展的瓶颈，推动多元、自主、平衡和可持续发展的合作，契合各国发展的实际，共同打造开放、包容、均衡、普惠的新型合作架构，为新一轮经济全球化提供了现实可行的推进路径。2016 年 11 月联合国 193 个会员国协商一致通过决议，欢迎共建“一带一路”等倡议，呼吁国际社会为“一带一路”建设提供安全保障环境。截至 2016 年底，已有 100 多个国家表达了对共建“一带一路”倡议的支持和参与意愿，中国与 39 个国家和国际组织签署了 46 份共建“一带一路”合作协议。2017 年 3 月 17 日，联合国安理会一致通过第 2344 号决议，呼吁国际社会通过“一带一路”建设加强区域经济合作。

我国提出的其他一些国际合作倡议也获得了越来越多的响应。经济全球化发展的趋势表明，加强合作是各国携手向前共同发展的必然选择。我国以促进合作共同发展为基本理念提出了一系列国际合作倡议，获得了越来越广泛的认同。比如，我国积极倡导推进区域全面经济伙伴关系协定（RCEP）谈判，以此作为建设亚太自由贸易区的可行路径。我国通过切实推进向更多亚太区域内国家开放国内市场，使更多发展中和新兴国家能够分享中国发展机会，增强了对中国引领建设亚太自贸区地位的认可。2014 年亚洲太平洋经济合作组织（APEC）北京峰会，我国推动达成了《APEC 推动实现亚太自由贸易区路线图》，为亚太区域经济一体化勾画了实施路径。此后，亚太自贸区建设获得积极进展，2016 年 APEC 利马峰会通过了《亚太自贸区利马宣言》，为构建亚太地区统合的开放大市场走出了一大步，也标志着我国推动的亚太自贸区建设正式启动了“第一个实质性行动”。比如，在推进国际经济治理体系改革方面，我国倡导的设立亚洲基础设施投资银行和丝路基金获得了广泛支持。2013 年 12 月我国提出筹建亚投行的倡议，2014 年 10 月，包括中国、印度、新加坡等在内 21 个首批意向创始成员国在北京签约共同决定成立亚投行。2015 年 12 月，亚投行正式成立，截至 2018 年 6 月，成员已经达到 87 个。2014 年底我国宣布成立丝路基金，截至 2017 年 12 月，丝路基金已签约 17 个项目，投资覆盖俄蒙中亚、南亚、东南亚、西亚北非及欧洲等地区的基础设施、资源开发、产业合作、金融合作等领域，还出资设立了中哈产能合作基金。亚投行和丝路基金的成立既补充完善了现有国际多边金融机构体系，又能切实为基础设施发展提供亟须的资金支持，推进亚洲持续稳定增长，为共建“一带一路”合作提供了有力资金支持。在民间和微观层面，比如阿里巴巴提出建立全球电子商务平台（eWTP）的倡议，旨在通过采取有关措施，支持各类企业都能从全球价值链中受益，鼓励发展中国家，特别是低收入国家在更高水平、更多附加值上参与全球价值链并向高端移动。该倡议获得广泛关注，已被写入2016年G20峰会的公报中。

3. 中国的发展实践获得更广泛认可，有助于提高中国的位次和影响力

中国坚持改革开放的基本发展路线，顺应经济全球化发展的潮流并成功搭乘全球化的快车，从低收入国家跃升为中高收入国家，并成为世界经济增长的重要引擎，近年对世界经济增长的贡献率在30%左右。可以说，经济全球化为中国经济快速发展提供了“天时”，而中国的发展实践为经济全球化提供了最具说服力的论据。在经济全球化转型发展的背景下，以开放合作、互利共赢为主要特征的中国发展实践获得越来越广泛的认可，世界期待中国能够继续发挥增长引擎的作用，中国模式、中国道路为其他国家提供了可供借鉴的一种发展路径，这有助于提高中国的国际影响力。

一是有利于中国结构性改革创造贸易全球化新需求。中国是贸易全球化的重要推动力量。1990—2017年，中国货物贸易占世界比重从不到0.5%提高到约12%；2017年中国继续保持全球货物贸易出口第一大国地位，占全球份额为12.8%，中国是全球第二大进口国，占全球份额为10.2%。中国致力于自由包容性贸易，反对一切形式贸易保护主义，努力促进以世界贸易组织为核心、普遍、以规则为基础、开放、非歧视、公平的多边贸易体制。在此前提下，中国积极推进供给侧结构性改革，以优化供给结构、提升供给质量和完善供给层次为主要目标，进一步解放和发展生产力，这将推动对外贸易向优质优价、优进优出转变。同时，中国供给侧结构性改革将推动有效进口扩大，国内快速发展的市场为其他国家提供了增长空间。特别是中国以有效增加服务供给为主要内容的服务领域供给侧结构性改革，需要不断扩大服务领域市场开放程度，这将为全球服务贸易增长提供新的空间。此外，中国在电子商务等供给模式方面的创新进一步降低全球贸易的信息搜寻成本和交易成本，培育出新的贸易增长点。因此，总体而言，在中国发展实践日益获得更广泛认可的前提下，中国以优化和改善供给实现供需良性循环为目标的供给侧结构性改革，有利于推动全球贸易自由化，有利于创造贸易全球化的新需求，提升中国发展对全球贸易发展的决定性影响。

二是有利于中国扩大金融对外开放为资本全球化提供新动力。中国对外开放已经从商品输出转入商品输出与资本输出相结合的阶段。金融的本质在于对资源进行有效配置，服务实体经济。随着中国经济在世界开放型经济体系中的分量和作用不断上升，金融对外开放的作用越来越重要。中国不断扩大金融对外开放，包括有序推进资本项目开放，稳步推动人民币国际化，完善人民币汇率形成机制。中国将支持和推动金融市场的双向开放，进一步提升跨境贸易、投资的便利化水平，为更好吸引和利用外资以及促进对外投资提供良好条件。人民币加入特别提款权（SDR）提高了人民币的国际声誉，有助于人民币逐步由计价结算货币功能向国际投资储备货币功能拓展。在此基础上，围绕服务实体经济发展需要，人民币国际化以“一带一路”建设为重要依托，不断扩大人民币在进出口贸易和对外投资中的使用，提升人民币在国际货币体系中的地位。2016年中国首次成为世界第二大对外投资国，人民币国际化的推进则有助于降低我国对外投资的成本，伴随跨境资金流动管理理念和方式的改进，对外投资将更加便利化，有助于不断扩大对外投资规模，从而为资本全球化注入新的发展动力。

三是有利于我国通过国际产能合作来构建贸易与资本全球化的桥梁纽带。在当前国际贸易和资本流动总体低迷的情况下，有效促进贸易增长和资本流动是推动经济全球化的关键。国际产能合作是把我国的优质产能和优势装备与发达国家的关键技术结合起来，与广大新兴市场国家和发展中国家的城市化、工业化需求对接起来，有利于发挥中国在产能、技术、市场上的优势，推进结构调整和产业升级，挖掘世界经济增长新动能。一方面，国际产能合作通过优化世界供给结构和提升供给质量，能够更好地满足不断发展的需求，推动世界经济在更高水平实现供需匹配，为全球贸易增长提供坚实的基础。比如国际产能合作会带动国内机器设备等装备的出口和技术标准的出口；对于正在积极推进工业化的发展中国家而言，我国优质产能的输入能够快速带动其相关产业发展，促进供给能力的提升，可为世界市场提供更多供给。另一方面，国际产能合作必然伴随国际投资合作，比如对外投资建设工业企业和产业园区，投资建设基础设施和产业链等，有助于活跃国际资本流动，使资本全球化能够真正服务于实体经济，从而促进资源要素跨国优化配置。综合来看，国际产能合作既可以促进全球贸易增长，又可以促进国际资本流动，且两者是相辅相成的。我国通过大力推进国际产能合作，以其为桥梁纽带将贸易和资本全球化紧密联系起来并形成相互促进、共同发展的良性格局，这就为我国发挥对经济全球化重要推动作用提供了有力的抓手。

三、加快形成全面开放新格局推动经济全球化进入新阶段

当前，在国际经济秩序处于巨大变革、更新迭代之际，全球化与反全球化势力不断博弈、冲突摩擦不断，单边主义、保护主义紧盯国际收支失衡，屡屡升级贸易争端，试图简单粗暴直接修正逆差账户。不可否认，全球性的国际收支失衡尤其是贸易失衡，有一部分是由以往全球化内在弊端引发并长期积累形成，但逆全球化非但解决不了全球化的问题，反而可能在短期更加激化矛盾，形成各类升级版的贸易战、货币战、金融战、资源战和经济战。解决全球化的痼疾，不能用逆全球化的措施，而需要更大力度、更深层次、更广领域的开放和改革。对我国而言，一方面，确实需要重新审视以往对外开放、融入全球经济体系的路径、模式和成本收益；另一方面，应旗帜鲜明地反对贸易投资保护主义，旗帜鲜明地支持经济全球化广泛深入发展，以更开放、更主动的姿态，适应全球化模式的更新迭代，主动参与和推动经济全球化进程，发展更高层次的开放型经济。始终做世界和平的建设者，全球发展的贡献者，国际秩序的维护者。系统谋划全面开放整体战略、力推国际产能合作、高质量利用外资、积极稳妥对外投资、控制优化全口径外债总量、稳定优化对外贸易等重点工作。全力实施新一轮高水平对外开放，加快构建立体式全方位全面开放新格局新体制，以开放的主动赢得发展的主动、国际竞争的

主动，通过开放促进加快制度建设、法规建设，改善营商环境和创新环境，提升国际竞争力，实现经济向更高形态发展。

（一）加快形成全面开放新格局新体制的总体思路和基本原则

1. 总体思路

适应速度放缓、动力转换、规则变化的全球化新趋势，围绕促进引进来与走出去更好结合、制造领域和服务领域开放更好结合、多边开放与区域开放更好结合，以推进“一带一路”建设为重点，以开放“范围、领域、层次”提速提质和“方式、布局、质量”创新优化为重点，加快构建互利共赢、多元平衡、安全高效的全方位、立体式全面开放新格局、新体制，推动外向型经济实现由要素驱动转向创新驱动的质量变革、由规模速度型转向质量效益型的效率变革、由传统优势为主转向综合竞争新优势的动力变革。通过形成全面开放新格局，推动我国与世界各国共同发展；通过探索创新全球经济治理新机制，推动调整全球化方向和规则，形成深度交融的互利合作网络；通过更加平衡的对外开放，发掘有利于各国共建共享、互惠互利的经济全球化新成长点。继续扩大开放、加强合作，坚定不移奉行互利共赢的开放战略，坚持引进来和走出去并重，推动形成陆海内外联动、东西双向互济的开放格局，构建开放型世界经济，加强二十国集团、亚太经合组织等多边框架内合作，实行高水平的贸易和投资自由化便利化政策，探索中国特色自由贸易港与全球其他重要自由贸易港的互动交流，维护多边贸易体制，共同打造新技术、新产业、新业态、新模式，推动经济全球化朝着更加开放、包容、普惠、平衡、共赢的方向发展。

2. 基本原则

提升主动开放。提升主动开放的力度，在保障国家安全前提下，更大程度地开放国内市场，使其成为促进共享发展的空间。提升主动开放的质量，高水平引进来和高质量走出去并重，有效培育国际竞争新优势，提升主动参与全球经济治理的层次。

推进平衡开放。开放发展的趋势是融合式开放。中长期推进平衡开放的重点是不同领域开放合作的统筹协调和相互促进。应更注重发挥经济开放对政治、军事和社会文化等领域开放合作的带动作用，以及不同领域开放的互促作用。

坚持共赢开放。在推动建设开放、包容、普惠、平衡、共赢的经济全球化中发挥积极作用。推动构建开放型世界经济，以开放发展为各国创造更广阔的发展空间，促进形成互利共赢的合作格局。

盯牢安全开放。既要在开放中有效维护国家利益，也要有力保障开放中形成的中国全球利益，以安全保障能力建设为重点促进安全开放，为国际影响力的发挥提供坚实基础。

（二）重点任务

1. 以贸易强国为目标的外贸可持续发展新机制

要加快构建外贸可持续发展新机制，既要保持外贸传统优势，又要积极培育外贸竞争新优势，着力破解制约外贸转型升级的突出问题，全面提升外贸竞争力，提高贸易便利化水平，完善进出口促进体系，健全贸易摩擦应对机制，大力发展服务贸易，促进外贸提质增效升级。

——实施积极进口战略。不以追求贸易顺差为目标，努力扩大进口，促进经常项目收支平衡。降低汽车、药品、化妆品等商品进口关税，增加人民群众需求比较集中的特色优势产品进口，加快加入世界贸易组织《政府采购协定》进程。办好中国国际进口博览会。

——提高贸易便利化水平。提高贸易自由化便利化水平，降低企业的制度性交易成本。加快培育外贸新业态新模式，推进服务贸易特别是服务出口的创新发展。大力推动中西部和东北地区承接加工贸易梯度转移和转型升级。强化大通关协作机制，实现口岸管理相关部门信息互换、监管互认、执法互助。加快国际贸易“单一窗口”建设，全面推行口岸管理相关部门“联合查验、一次放行”等通关新模式。依托电子口岸平台，推动口岸管理相关部门各作业系统横向互联，建立信息共享共用机制。探索开展口岸查验机制创新和口岸管理相关部门综合执法试点。加快海关特殊监管区域整合优化。加快一体化通关改革，推进通关作业无纸化。与主要贸易伙伴开展检验检疫、认证认可和技术标准等方面的交流合作与互认。加强口岸检验检疫综合能力建设，完善产品质量安全风险预警和快速反应体系。整合和规范进出口环节经营性服务和收费。

——实施质量效益导向型外贸政策，提升贸易发展位势。支持技术含量高、附加值大、资源和能源消耗低、环境污染小、产业关联度强的对外贸易活动，实现外贸绿色低碳可持续发展。进一步完善出口退税制度，优化出口退税流程。健全出口信用保险体系。加强贸易风险、汇率风险监测分析，适时公布有关风险提示，引导企业有效规避出口风险。

——培育外贸竞争新优势，优化贸易结构。稳定传统优势产品出口，进一步推进以质取胜战略，提升出口产品质量、档次和创新要素比重，扩大大型成套设备和技术出口。加强外贸诚信体系建设，规范进出口秩序。鼓励企业开展科技创新和商业模式创新，加快培育以技术、品牌、质量、服务为核心的外贸竞争新优势。优化进口商品结构，鼓励先进技术、关键设备和零部件进口，稳定资源性产品进口，合理增加一般消费品进口。培育国际大宗商品交易平台。提高一般贸易和服务贸易比重，推动加工贸易转型升级，延长加工贸易产业链，提高加工贸易的质量和附加值。

——大力发展服务贸易和电商等新兴贸易业态。提升服务贸易战略地位，着力扩大服务贸易规模，推进服务贸易便利化和自由化。鼓励发展生产性服务贸易。依托大数据、云计算、物联网、移动互联网等新技术，推动服务业转型，培育服务新业态。创新服务贸易金融服务体系，建立与服务贸易相适应的口岸管理和通关协作模式。提高货物贸易中的服务附加值，促进制造业与服务业、货物贸易与服务贸易协调发展。推进国内服务市场健全制度、标准、规范和监管体系，为专业人才和专业服务跨境流动提供便利。制定与国际接轨的服务业标准化体系，加强与服务贸易相关的人才培养、资格互认、标准制定等方面的国际合作。促进服务外包升级，提升服务跨境交付能力，建设好服务外包示范城市。鼓励发展跨境电子商务、市场采购贸易等新型贸易方式。积极解决电子商务在境内外发展的技术、政策问题，在标准、支付、物流、通关、检验检疫、税收等方面加强国际协调，参与相关规则制定，创新跨境电子商务合作方式，融入国外零售体系，化解相关贸易摩擦。

——坚持多边贸易体制规则，健全贸易摩擦应对机制。维护多边贸易体制，强化中央、地方、行业协会商会、企业四体联动的综合应对机制，指导企业做好贸易摩擦预警、咨询、对话、磋商、诉讼等工作。有理有节、化解分歧、争取双赢，以协商方式妥善解决贸易争端，对滥用贸易保护措施和歧视性做法，善于运用规则进行交涉和制衡。依法开展贸易救济调查，维护国内产业企业合法权益。

2. 打造更加完善的外商投资环境

国际引资竞争加剧，我国利用外资工作必须更加积极主动地对接外部环境，稳定外资规模和速度，改善外资来源地构成，平衡外资区域分布。为适应利用外资新形势，还需要不断推进完善外商投资环境，加快对外开放步伐，营造稳定公平透明、可预期的营商环境，继续扩大外资市场准入，继续深化简政放权、放管结合、优化服务改革，降低制度性交易成本，在更大范围实施对外开放，实现互利共赢。

——全面开放制造业，大幅降低外资准入门槛。加快推进各领域进一步改革和开放，以全球价值链重构为契机提升产业竞争力。尽快落地新版外商投资产业指导目录，制定分别适用于全国和自由贸易试验区的新版外商投资负面清单，使对外开放重大举措尽快落地。在汽车、船舶、飞机制造业、能源、资源、基础设施、交通运输、商贸流通等领域推出一系列开放措施。支持中外企业在公平竞争环境下实现共同发展，鼓励中外企业开展更广泛更多元的资本、技术、管理、人才交流合作。

——调整利用外资结构。制造业和服务业仍是各国引资最重要的领域，且竞争力度更加剧烈。吸引外资重点要与产业转型升级的方向一致。制造业吸引外资，重点由劳动密集型产业向资本、技术密集型产业升级，从加工制造向研发、营销环节延伸的趋势。服务业吸引外资，不断扩大外商投资规模和范围，加大信息、商务、研发、营销、物流等生产性服务业和旅游、文化、健康、养老、体育、教育培训等生活性服务业引资力度。引导外资更多投向先进制造、高新技术、节能环保和中西部地区、东北地区，进一步优化利用外资产业结构和区域结构。

——鼓励外资参与境内企业兼并重组。完善外资并购的风险防范体系，可借鉴美国外国投资委员会（CFIUS）做法，从敏感科技领域和特别关注国家投资者两方面入手，强化对各类外资并购的事前审查。

——尽快推进外商投资法立法进程。理顺外商投资法与现存的各类投资便利化措施、已签署的双多边投资协定、负面清单之间的关系，出台外商投资国家安全审查条例，建立统一、合理、高效的外商投资管理体系。

——依托新比较优势吸引和利用外资。利用外资进入转型期，传统的低成本优势正在发生变化，能源资源和生态环境压力凸显，必须认清和尊重经济规律，及时转换动力，未来需巩固最大的消费市场、完善的基础设施条件、齐全的产业配套能力、丰富的人力资源和不断优化的营商环境等方面的优势，打造市场体系健全、行政服务高效、人力资源丰富、产业配套齐全、基础设施完备的综合新优势。

——全方位、宽领域利用外资。在“一带一路”倡议推进统领下，对外开放格局将向东开放转为向东向西开放并举，东部地区重在建设国际化高标准投资环境，继续发挥吸引外资领头羊作用；中西部地区通过陆上丝绸之路，从开放末梢变为开放前沿，把握引资重要机遇。

——切实给予外商投资企业准入后公平待遇，促进内外资企业公平竞争。外资企业与国有企业、民营企业一样，都是国民经济的重要组成部分。只要是在我国境内注册的企业，都要享受同等待遇。要加快形成企业公平竞争的现代市场体系，对内外资企业一视同仁、公平对待。要确保政策法规执行的一致性，地方和部门不得擅自增加对外资企业的限制。对外商投资企业同等适用产业支持政策、创新支持政策。按照统一标准、统一时限的原则，审核外商投资企业业务牌照和资质申请。推进标准制（修）订全过程信息公开，给予内外资企业公平机会参与标准化工作。平等对待外商投资企业生产的产品，促进内外资企业公平参与政府采购招投标。严格保护外资企业知识产权。支持外资企业在中国境内上市、发债。实行内外资企业统一的注册资本制度。鼓励外商投资企业深度融入我国制造体系、创新体系。制定涉及外资的政策，要进行公平竞争审查。

——允许地方政府在法定权限范围内制定出台招商引资优惠政策。对就业、经济发展、技术创新贡献大的项目，地方可根据实际情况予以支持。鼓励外资企业再投资，对境外投资者从中国境内居民企业分配的利润直接投资于鼓励类投资项目。扩大中西部地区、东北地区鼓励外商投资范围，支持中西部地区、东北地区承接产业转移。对西部地区继续实行企业所得税优惠政策。推进外资跨国公司本外币资金集中运营改革，促进资金双向流动，提高资金使用效率。

——营造有国际竞争力的营商环境吸引外资，深化外商投资管理体制改革。督查落实国务院出台的“吸引外资20条措施”、《国务院关于扩大对外开放积极利用外资若干措施的通知》（国发〔2017〕5号）文件、《国务院关于促进外资增长若干措施的通知》（国发〔2017〕39号）文件，适时研究新措施。对外商投资实行准入前国民待遇加负面清单管理模式，全面推行普遍备案、有限核准的外商投资管理制度。进一步优化外商投资管理流程，压缩办理时限，推进外商投资项目核准、备案统一在线办理，实现一口受理、限时办结、进度可查询，提高外商投资管理信息化水平。北京、上海、广州、深圳等特大城市率先加大营商环境改革力度，提高投资便利化程度，取得经验后向全国复制推广。完善与外商投资负面清单管理方式相适应的事中事后监管制度。

——对企业境外所得汇回提供税收支持，形成利用外资和对外投资的良性循环。发达国家更多采取免税制解决企业境外所得的双重征税问题。为有效减轻境外投资的税收负担和合规成本，可效仿国际做法在境外所得抵免制度中引入免税，鼓励海外利润回流。

——充分发挥国家级新区、各类开发区吸引外资的龙头作用。加强国家级经济技术开发区、高新技术产业开发区、海关特殊监管区域以及省级开发区等各类开发区规划指导、创新发展。发挥开发区的引领和带动作用，大力发展先进制造业、生产性服务业和科技服务业，推动区内产业升级，建设协同创新平台，实现产业结构、产品附加值、质量、品牌、技术水平、创新能力的全面提升。推动开发区绿色、低碳、循环发展，继续深化节能环保国际合作。不断改善投资环境，进一步规范行政管理制度，完善决策、执行、监督和考核评价体系，避免同质竞争，努力把开发区建设成为带动地区经济发展和实施区域发展战略的重要载体、构建开放型经济新体制和培育吸引外资新优势的排头兵、科技创新驱动和绿色集约发展的示范区。

——完善外商投资监管体系。按照扩大开放与加强监管同步的要求，加强事中事后监管，建立外商投资信息报告制度和外商投资信息公示平台，充分发挥企业信用信息公示系统的平台作用，形成各政府部门信息共享、协同监管、社会公众参与监督的外商投资全程监管体系，提升外商投资监管的科学性、规范性和透明度，防止一放就乱。

3. **积极稳妥开展境外投资**

境外投资是推进“一带一路”建设的重要方式，是构建开放型经济新体制的重要方面。随着企业“走出去”规模不断扩大，我国正在由资本输入国逐步转变为资本输出国，在境外能源资源、制造业、高新技术、服务业等领域成功实施了一大批项目，为带动相关产品、技术、服务“走出去”，促进国内经济转型发展，深化我国与相关国家互利合作，推进“一带一路”建设和国际产能合作发挥了积极作用。未来，需要以供给侧结构性改革为主线，以“一带一路”建设为统领，促进企业合理有序开展境外投资活动，防范和应对境外投资风险，推动境外投资持续健康发展，实现与投资目的国互利共赢、共同发展。

——开展境外投资战略研究。彻底跳出项目核准和备案的传统管理思路，把工作重点放在加强指导协调服务上，完善境外投资项目监管。健全境外投资法规体系，优化管理体系和程序。创新对外投资合作机制，支持有关行业和领域加快走出去步伐。加强与重点国家合作，推进与周边国家基础设施互联互通。加强政策沟通，着力推进与“一带一路”沿线国家签订双边或多边合作协议，营造畅通的政策环境；加强政策引导，有效对接“一带一路”沿线国家实际需求，引导企业持续合理、有序健康地开展境外投资。

——做好对外投资的引导和管理。对外投资管理机制是我国开放型经济体制的重要组成部分，需要把完善中长期制度建设和短期相机调控结合起来，在推进对外投资便利化的同时防范对外投资风险，完善和规范市场秩序，促进对外投资健康有序发展，保持国际收支基本平衡。按照国家“走出去”和“一带一路”倡议部署，坚持市场化原则支持企业海外并购。同时，加强对外直接投资相关部门监管联动，上游部门把好入口关，强化对外直接投资真实性、合规性审核，避免一哄而上的现象，促进对外直接投资有序健康发展。

——保持对外直接投资方针政策和管理原则的稳定性。坚持实施“走出去”的战略不变、坚持充分利用“两个市场”和“两种资源”的方针不变、坚持支持合法合规的对外直接投资方向不变、坚持推进贸易投资便利化中注意防范对外投资风险的原则不变。坚持“企业主体、市场原则、国际惯例、政府引导”的原则，鼓励企业参与国际经济竞争与合作、融入全球产业链和价值链，不断推进对外投资管理“简政放权、放管结合、优化服务”改革。支持国内有能力、有条件的企业开展真实合规的对外投资活动，参与“一带一路”共同建设和国际产能合作，促进国内经济转型升级，深化我国与世界各国的互利合作。

——研究制定促进境外投资便利化的法律法规。贯彻企业投资自主决策、自负盈亏原则，放宽境外投资限制，简化境外投资管理，除少数有特殊规定外，境外投资项目一律实行备案制。加快建立合格境内个人投资者制度，加强境外投资合作信息平台建设。

——创新对外投资合作方式。允许企业和个人发挥自身优势到境外开展投资合作，允许自担风险到各国各地区承揽工程和劳务合作项目，允许创新方式走出去开展绿地投资、并购投资、证券投资、联合投资等。鼓励有实力的企业采取多种方式开展境外基础设施投资和能源资源合作。促进高铁、核电、航空、机械、电力、电信、冶金、建材、轻工、纺织等优势行业走出去，提升互联网信息服务等现代服务业国际化水平，推动电子商务走出去。积极稳妥推进境外农业投资合作。支持我国重大技术标准走出去。创新境外经贸合作区发展模式，支持国内投资主体自主建设和管理。

——健全走出去服务保障体系。加快同有关国家和地区商签投资协定，完善领事保护制度，提供权益保障、投资促进、风险预警等更多服务，推进对外投资合作便利化。保障我国境外人员人身和财产安全。发挥中介机构作用，培育一批国际化的设计咨询、资产评估、信用评级、法律服务等中介机构。

——防范境外投资风险。加强对外直接投资风险教育，运用具体案例和数据引导企业理性开展对外直接投资。国内商业协会等中介组织要加强法律、金融、制度、文化等全方位支持配套，及时充分提示投资、汇率、债务等潜在风险，协助中资企业做好项目评估、风险应对，确保对外直接投资行稳致远。加强各类风险防范，确保有效降低企业境外投资的经营风险、债务风险、资金外流风险、产业空心化、政策风险五大风险类型。

——引进来和走出去有机结合。推进引进外资与对外投资有机结合、相互配合，推动与各国各地区互利共赢的产业投资合作。发挥我国优势和条件促进其他国家和地区共同发展。鼓励企业开展科技创新、项目对接、信息交流、人力资源开发等多方面国际合作。支持地方和企业做好引资、引智、引技等工作，并积极开拓国际市场。通过各类投资合作机制，分享我国引进来的成功经验，推动有关国家营造良好投资环境。

4. 开展互利共赢国际产能合作

国际产能合作旨在发挥中方在装备、技术、资金等方面的综合优势和其他方面的比较优势，对接中国和“一带一路”沿线国家供给能力和发展需求，共同发展实体经济、建设基础设施，实现优势互补、互利共赢、共同发展。从对世界经济影响的角度看，我国推动国际产能合作，本质上是通过提高有效供给来催生新的需求，有利于实现世界经济再平衡。

——坚持在“一带一路”倡议等国家战略统领下开展国际产能合作。国际产能合作是贯彻实施国家经济外交战略的重要体现，是具体的行动纲领，应围绕“一带一路”的重点区域布局，根据国际市场需求和我国产业优势，重点输出高铁、通信、电力等优势产业和能力。不是落后产能的转移，而是将产业链条整体输出到不同的国家，帮助这些国家建立更加完整的工业体系和制造能力。

——国际产能合作应坚持互利共赢合作观。不仅应加强国内企业间的合作、形成产业集群，还应加强双边、多边、第三方乃至多方企业间的产业合作，一方面和发展中国家合作；另一方面也要发挥发达国家技术、资金、经验优势，从“互利双赢”升级为“互利三赢”“互利多赢”，扩大产能合作利益汇合点，实现合作最大公约数，形成新的更大的利益共同体。

——聚焦重点国家、重点行业开展国际产能合作。区域布局层面，以哈萨克斯坦、印度尼西亚、马来西亚等周边重点国家为“主轴”，以非洲、中东和欧洲中东部重点国家为“西翼”，巴西、秘鲁等拉美重点国家为“东翼”，重点圈定“一带一路”重点沿线国家开展产能合作。在产业布局层面，重点推动钢铁、有色、建材、化工、轻工、汽车、农业等行业优势富余产能，包括工程机械、航空航天、船舶和海洋工程的优势装备，以及交通、能源、通信等基础设施，开展国际产能合作。充分利用发达经济体给予越南、柬埔寨、孟加拉国、斯里兰卡、巴基斯坦等 WTO 最不发达成员方的关税减免政策、双边贸易安排和东道国优惠政策，通过运筹境外产业园区曲线进入国际市场。着力推进与发达经济体共同展开面向全球市场的“第三方合作”。通过创业投资早期进入海外创新企业突破贸易封锁。精准指导，加强与优质中小型高技术企业展开产能合作。

——形成部门、地方、企业、协会等推进国际产能合作的合力。不断完善现有双多边产能合作机制，组织政策对话和项目对接，与有关国家加紧商签共同推进产能合作框架协议，切实发挥各部门、各地区统一对外工作平台的作用。借助多边舞台推动产能合作，加快推动与东盟、非盟、欧盟、拉共体等区域组织，与法国、韩国、西班牙、德国等发达经济体建立的第三方合作机制的作用。发挥中央地方协同联动机制作用，通过委省协同联动机制指导地方立足产业实际，与重点国家开展合作对接，上下合力推进国际产能合作。发挥央企、民企、协会协同推进机制作用，发挥中央企业主力军作用，发挥民营企业积极性，发挥钢铁工业协会、建筑材料联合会等行业协会桥梁纽带作用，全面推进国际产能合作。

——以共建产业园区作为国际产能合作的重要载体。共建工业园区是发挥彼此优势、促进各自经济发展、增强贸易比较优势的重大举措。对园区定位、运筹管理以及入园企业和产品生产、营销等都提出了很高要求。现在园区的基础设施、招商引资、产业引导、生产定位、双方管理磨合、运行机制创新等任务很重，需要双方逐渐探索，以克服文化差异、加强人才队伍培育。园区不能仅靠两国的国有企业和吸引的外资，还应鼓励两国中小企业积极参与其中。建立海外工业园并在当地整合产业链资源是未来的发展方向。通过支持有实力、有条件的中国企业到有关国家投资建设或与所在国企业共同投资建设产业园区，以吸纳中国、所在国或其他国家企业入区投资发展，推动双边和多边产能合作，促进当地经济发展的经贸活动。

——以构建价值链网络作为国际产能合作的主要支撑。鼓励政策不应是普惠制的，而应针对特定行业、特定产业链环节给予不同侧重点的扶持，更加精准发力，旨在推动我国企业海外投资中沿着全球价值链和产业链向上游升级。

——多渠道拓展国际产能合作的资金来源。完善财税支持政策、发挥优惠贷款作用、拓宽外汇储备使用渠道、增强开发性金融和政策性银行服务能力、强化出口信用保险作用，持续加大对国际产能合作的资金支持力度。多渠道设立系列双多边产能合作基金，为产能和装备走出去提供有力支持。支持企业和金融机构境外发债融资。改革企业发行外债管理，发挥企业境外发债对国际产能合作的促进作用。支持国家开发银行、中国进出口银行分别赴境外发行债券，重点用于支持国际产能合作项目。优化外经贸发展专项资金使用方式和资金投向。逐年增加“两优”贷款规模，提高“两优”贷款优惠度。进一步完善中长期出口信用保险、海外投资险等，加快与有关国家商签避免双重征税协定。

——鼓励金融机构提供多元化、全方位金融产品和服务。金融机构要积极利用海外分支机构资源优势，紧抓优势企业“走出去”业务机遇，重点推进对外担保、融资租赁、中介型福费廷、出口买方信贷等“走出去”拳头产品，为企业获取最低融资成本，通过境内外分支机构的内外联动和高效协同，满足企业在境外的各项资金需求。根据“走出去”企业跨时区、跨币种、跨市场的多维度需求，金融机构要不断增强境外机构本地化服务能力，建立财务顾问、贸易融资、资金管理、托管清算、债券承销发行、外汇衍生品交易等业务在内的立体式、全方位金融服务体系。加强前端性服务，实现海外项目市场的“源头性”开发，将财务顾问、开发顾问等投行服务与商业银行传统金融服务相结合。

——提升国际产能合作的风险规避能力。建立针对“一带一路”下产能合作的风险防范机制。打造系统风险防范机制，加大对“一带一路”沿线国家市场环境的研究工作，建立一套科学的风险预警指标体系。

5. 创新外债管理体制

进一步解放思想，调动企业积极性，政府和企业形成合力共同推动我国成为对外投资大国。梳理评估全口径内外资企业外债管理有效性，不断改进企业外债管理方式，进一步完善部门间的外债管理协调配合机制，强化监管统筹。优化外债的期限结构和币种结构，提高外债发行主体多元化水平，提升外债响应国家战略、促进区域和产业发展方面的引导作用，重点支持一批综合经济实力强、国际化经营水平高、风险防控机制健全的大型企业和金融机构赴境外发债。建立从企业外债登记、发行到资金投向的全流程管理机制，加强外债风险预警，完善市场约束机制。

——提升外债在响应国家战略和促进区域、产业发展方面的引导作用。鼓励企业通过外债筹资，投资于“一带一路”、京津冀协同发展、长江经济带等国家重大战略规划和城镇化、战略性新兴产业、“双创”、高端装备制造业、“互联网+”、绿色发展等重点领域，不断扩大有效投资。金融机构发行外债应加大对实体经济的支持力度，促进金融资本与产业资本融合发展，助推产业转型升级和供给侧结构性改革，控制外债资金在金融体系内部交叉投资、自我循环。

——完善企业外债发行政策，优化外国政府贷款程序。在《国家发展改革委关于推进企业发行外债备案登记制管理改革的通知》（发改外资〔2015〕2044号）基础上，进一步完善对企业发行海外债的要求，加强海外债发行管理，对一年期及以下海外债发行纳入备案要求。重点做好国外优惠贷款规划管理、中长期国际商业贷款管理、境外发债管理等改革；按照要求公开、程序公开、过程公开、结果公开的原则，推动贷款信息全流程公开。

——创新监管方式。推动外商投资项目核准、备案纳入全国投资项目在线审批监管平台，建立健全覆盖全国的境外投资项目在线审批监管平台，动态监测并指导地方项目备案、核准工作，全面掌握外商投资和境外投资动态，保证中央政策落地。

——适时将企业外债规模管理改革试点政策向更大范围推广。允许企业在年度外债规模内灵活把握发债时机，自主选择发债时间和发债批次，境内外统筹使用外债资金，降低借款成本，提高发债效果。鼓励企业境内母公司直接发行外债，适当控制海外分支机构和子公司发行外债，鼓励外债资金回流结汇。

——加强企业在外债发行风险防范中的主体地位。企业应密切跟踪国际国内资本市场变化情况，关注国家经济金融形势、国际收支状况、跨境资本流动和外债外汇政策调整，强化外债风险管理意识，制定外债风险防控方案。明确外债风险管理责任，健全外债风险管理决策、授权和监督机制，将外债风险管理贯穿外债借、用、还全过程；统筹考虑汇率、利率、币种及企业资产负债结构等因素，适当运用货币互换、利率互换、远期外汇买卖、期权、掉期等金融衍生产品，审慎选择融资工具，合理持有外汇头寸，有效控制风险敞口，确保外债风险控制在自身可承受范围内。

——完善全口径外债管理体系。将利用外资与防范风险相结合，进一步提升跨境融资的便利化水平，更好地服务企业、服务实体经济。从监管职能匹配协调角度出发，进一步明确加强跨境融资监管部门的权责，加强部门间的政策协调，为深化全口径跨境融资宏观审慎管理提供制度保障。在外币外债的审慎监管应逐步由余额管理和审批制转变为备案制的基础上，可基于风险识别的外债动态调节机制，进一步加强融资主体的精细化分类监管。全口径跨境融资政策可针对企业、银行和非银行金融机构三类主体实施融资差别化管理。建议加大对各类融资主体特点的调研，在充分考虑行业、区域、规模等差异情况基础上，制定更加精细化的分类管理措施。

——提高利用外债的风险预警和应对能力。宏观方面，监管部门应在本外币全口径外债统计监测基础上，进一步建立、健全“隐形外债”监测预警机制，从数量规模上对“隐形外债”加以控制，防止贸易项下“隐形外债”在一定条件下可能转化为“现实外债”的潜在风险，并加强对外债数据的事中事后监测分析。微观方面，综合评判经营主体各项经济行为，重点关注企业的资金流动和资产负债情况以及偿债能力等指标，对重点可疑企业实行定向跟踪监测。建立健全预警机制，构建宏观审慎管理的工具箱，完善宏观审慎框架下的外债和跨境资本流动管理体系，不断丰富应对国际资本流动风险冲击的政策储备和应急预案，抑制境内外套利行为，切实防范跨境资本流动风险，在跨境融资宏观风险指标触及预警值时，及时采取有针对性的逆周期调控措施，避免内外债风险之间的相互转化造成系统性金融风险。

——构建高效的外债综合管理体系。加强国家发展改革委外债登记备案和中国人民银行宏观审慎外债管理的政策对接，防止规避监管和监管套利；研究出台外债资金集中流出风险的管控政策，将外债额度与偿还本息和对外投资等活动挂钩，构建流出入均衡、覆盖全过程的外债综合管理体系。

——培养企业对外债资金的汇率风险防范意识。针对汇率双向波动增强的长期趋势，应引导企业树立外债资金的风险中性意识，通过外汇衍生工具开展套期保值规避汇率敞口，科学降低外债资金的风险管理成本。

——优化境外债券的发行币种。实现本币和外币计价债券的均衡，顺应人民币国际化的长期趋势，应逐步提升人民币计价债券的发行比例。此外，要实现外币计价债券发行的均衡，适度增加欧元、日元等其他外币币种的债券发行。

6. 为推动完善全球经济治理提供“中国方案”

抓住当前全球价值链重构的历史性机遇，以中国理念、中国市场、中国资本和中国倡议引领新一轮经济全球化，重塑未来国际分工格局。积极参与全球经济治理，提高中国在全球经济治理中的制度性话语权，做国际经贸规则的积极参与者，扩大国际合作与交流，努力形成深度交融的互利合作网络。为对外开放提供一个良好的国际环境，为开放型经济新体制保驾护航。这也是中国承担大国责任的体现。中国应该站在发展中国家乃至世界整体利益的高度，提出建设性的主张和诉求。

——坚持世界贸易体制规则。维护多边贸易体制在全球贸易投资自由化中的主渠道地位，坚持均衡、普惠、共赢原则，反对贸易投资保护主义。积极落实“巴厘一揽子协定”，推动后巴厘工作计划制定，争取尽早完成多哈回合谈判。推进《信息技术协定》扩围和《环境产品协定》谈判，推动我国加入《政府采购协定》谈判。支持世贸组织继续加强贸易政策监督机制、完善争端解决机制。进一步加强贸易政策合规工作。

——积极参与全球经济治理。推进全球经济治理体系改革，支持联合国、二十国集团等发挥全球经济治理主要平台作用，推动金砖国家合作机制发挥作用，共同提高新兴市场和发展中国家在全球经济治理领域的发言权和代表性。全面参与国际经济体系变革和规则制定，在全球性议题上，主动提出新主张、新倡议和新行动方案，增强我国在国际经贸规则和标准制定中的话语权。

——制定跨境资本流动管理的国际规则。目前对跨境资本流动管理的共识是作为处理风险和危机的事后措施，这还远远不够，应该发展事前资本流动管理框架，制定国际层面和国别层面的资本流动管理原则，允许各国根据本国国情和发展阶段采取不同的资本流动管理体制，鼓励各国有序适度开放资本账户，以保障资本流动能够切实提高有关国家和世界经济的福利。

——构建多双边、全方位经贸合作新格局。坚持正确的义利观，弘义融利，因地制宜，务实合作。丰富中美新型大国关系的经贸内涵，深化中欧多领域合作，协同推进中美、中欧投资协定谈判，统筹国内改革与对外开放进程。促进中俄经贸关系跨越式发展。深化同发展中国家合作。加强与“一带一路”沿线国家的宏观政策沟通与协调。完善区域次区域合作机制，发挥亚太经合组织、亚欧会议、上海合作组织作用，强化中非、中阿、中拉等合作机制。推进大湄公河、中亚、图们江、泛北部湾等次区域合作。多双边合作机制要加强统筹、提高效率、讲求实效。

——建立国际经贸谈判新机制。抓紧建立依法有序、科学高效、协调有力、执行有效的谈判机制。统筹谈判资源和筹码，科学决策谈判方案，优化谈判进程。加强谈判方案执行、监督和谈判绩效评价，提高对外谈判力度和有效性。充分发挥有关议事协调机制的积极作用，完善国际经贸谈判授权和批准制度。

（指导：孙学工，统稿修改：郭春丽
执笔：王蕴　李世刚　易信　盛雯雯）

分　报　告

第二章 经济全球化的新动向与发展新趋势

内容提要：2008 年爆发的国际金融危机终止了开始于20 世纪90 年代的这一轮经济全球化快速前进的步伐。无论是全球贸易和投资的持续低迷，还是逆全球化主张进一步形成打压发展的力量，以及全球化治理体制机制面临更大的变革压力等，均表明当前全球化进程明显受阻。现阶段全球化发展的挑战，主要是由西方国家主导的全球化管理和治理方式以及由此产生的利益分配格局面临难以持续的挑战，发展不平衡是当前全球化面临的核心问题。这些挑战和问题也正说明了全球化未来仍有很大的改善和提升空间。无论是从市场机制的决定性作用，技术进步进一步促成“无国界”交流，还是基于全球价值链的世界生产模式的发展趋势以及全球需求扩张的动力等方面来看，经济全球化的前进趋势都难以阻挡，经济全球化是不可逆转的全球发展潮流。未来经济全球化将在曲折中深入发展，解决发展不平衡是发展的主要方向。因此，需要推动从不平衡到平衡的“新国际秩序”的转变，塑造共赢共享的全球化；推动从不包容到包容的“新经济模式”的转变，塑造包容开放的全球化；推动从不可持续到可持续的“新生态体系”的转变，塑造可持续的全球化。

一、引言：如何理解经济全球化

“经济全球化”一词最早由 T·莱维于 1985 年提出，但至今没有一个公认的定义。国际货币基金组织曾经指出，“经济全球化是指跨国商品与服务贸易及资本流动规模和形式的增加，以及技术的广泛迅速传播使世界各国经济的相互依赖性增强”。经济合作与发展组织认为，“经济全球化可以被看作一种过程，在这个过程中，经济、市场、技术与通讯形式都越来越具有全球特征，民族性和地方性在减少”。按照一般理解，经济全球化指的是商品、资本、服务、技术和信息的自由流动；它是通过加强货物、服务、技术和资本的跨国流动，促进国家、区域和地方经济在全球范围内日益一体化和相互依存。这就意味着，经济全球化应该至少包括三个层面：一是商品和服务的跨国贸易；二是资本、技术和信息等要素的跨国流动；三是规则或治理机制的协调甚至一体化。从更大的范围看，自第一次工业革命以来，世界进入现代化发展过程，最突出的特征就是全球化，其核心内容或经济基础就是经济全球化，此外还包括政治全球化和文化全球化。

关于全球化以及经济全球化的阶段划分也没有达成一致认识。有观点认为从大航海时代开始，全球化经历了三个阶段（如 Thomas L. Friedman，2000）：全球化 1.0 阶段

(1492—1800 年)、全球化 2.0 阶段（1800—2000 年）和全球化 3.0 阶段（2000 至今）。从经济全球化的基本内涵和主要特征来看，更多观点倾向于从第一次工业革命开始划分经济全球化：第一次工业革命到第一次世界大战，为经济全球化启动及初步发展阶段；1914 年到 20 世纪 90 年代冷战结束，经济全球化曲折发展阶段；1990 年以后，经济全球化进入市场经济全球化阶段，是真正意义上的经济全球化时代。具体而言，20 世纪 90 年代以来的经济全球化具有以下突出特点：①全球贸易和投资的规模呈现数量级增长。商品和服务出口占 GDP 比重从不到 20% 扩张到超过 30%，FDI 占 GDP 比重从不到 1% 扩张到超过 3% 的峰值，贸易和投资跨国流动的范围几乎覆盖全世界。②发达国家开始从工业社会向信息社会转变，发展中国家普遍以嵌入全球价值链体系的形式开启或加速工业化进程。③市场经济成为涵盖整个世界的经济体制。社会主义国家经济体制的改革和以市场为取向的体制转轨，消除了市场经济全球化的障碍。④世界贸易组织等国际经济组织的职能、规模的扩大和发展，使世界经济运行日益规则化和规范化，实现了物流、资金流、信息流和知识流的全球畅通。

近二十余年经济全球化充分展示出“高歌猛进”的特征，但 2008 年发端于美国而后席卷全球的国际金融危机终止了全球化快速前进的步伐。各种怀疑和指责经济全球化的声音又重新响起，部分发达国家回归贸易保护主义和以邻为壑的政策取向，给经济全球化的发展前景蒙上了一层阴影，而新兴发展中国家高举全球化旗帜，积极推动全球化再平衡。在这一背景下，通过对当前经济全球化发展出现的新动向和发展面临的主要问题与挑战的分析，科学判断未来经济全球化的发展趋势，能够为准确认识经济全球化以及采取合适的发展策略提供基本支持。

二、当前经济全球化的新动向

2008 年爆发的国际金融危机，对世界经济增长造成了严重冲击。危机以来，在各国规模空前的救助和刺激政策的作用下，世界经济逐渐走出衰退并进入曲折复苏阶段。多数研究都认为，世界经济长期增长率下降，发达经济体进入结构性低迷增长的“新平庸”时代，新兴经济体的增速高位回落。而更值得注意的是，以往被认为可能是前景无限的经济全球化似乎一夜之间退回到原点，无论是全球贸易和投资的持续低迷，还是逆全球化主张进一步形成打压发展的力量，以及全球化治理体制机制面临更大的变革压力，都表明全球化进程明显受阻，这些是当前经济全球化出现的必须引起重视的发展新动向。

（一）国际贸易和资本流动总体低迷

一是国际贸易持续低增长，贸易增速出现低于经济增速的转折性变化。自 20 世纪 80 年代末 90 年代初以来，国际贸易的快速增长特别是快于 GDP 的增长态势，被认为是经济全球化深入发展的重要指标，也是国际贸易与经济增长相互促进推动世界发展的重要指征。但 2008 年的国际金融危机似乎打破了这一固定关系。2009—2016 年世界贸易平均增速不足 1%，较高峰时期（2000—2008 年）下降超过 10 个百分点，也低于 20 世纪 80 年代和 90 年代平均 6%—7% 的增速，已经呈现低迷增长状况（见图 1－1）。并且，自20世纪80年代以来，在金融危机之前的近30年时间内，国际贸易增长长期明显快于全球经济增长，而2009—2016年国际贸易增长明显慢于GDP增长，这不仅表明经济增长乏力制约了贸易增长的空间，而且也在一定程度上反映出贸易全球化可能遇到了较大障碍。国际贸易可能正在从驱动经济增长的力量转变为经济增长的“拖后腿”因素。

二是全球对外直接投资增长放缓，尚未恢复到危机前水平。以跨国公司为主体推动资本跨国流动是促进经济全球化深入发展的另一重要力量。20世纪90年代以来（见图2－1），全球对外直接投资规模从不到2000亿美元一度扩大到2007年超过19000亿美元，资本的大规模跨国流动带动了技术和知识等要素的全球扩散，有助于提升全球资源配置效率。国际金融危机以来，全球对外直接投资虽也经历了恢复性增长，2016年达到约17500亿美元，但仍未恢复到危机前的水平。危机以来，全球FDI占GDP比重也持续下滑（见图1－2），2016年约2.3%，较危机前2007年低1个百分点，较2000年左右的峰值水平低约1.7个百分点。

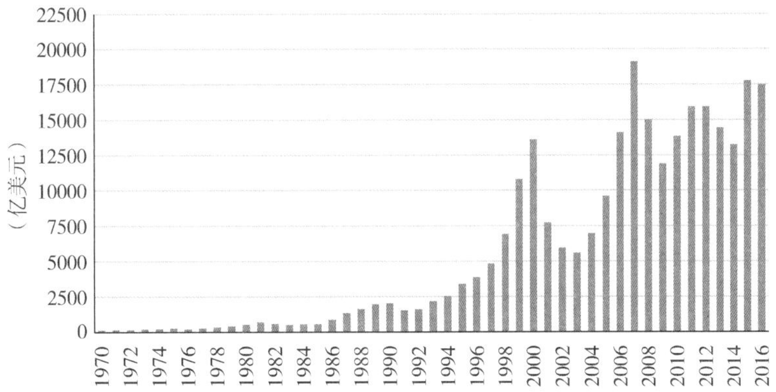

图2－1　1970—2016年全球FDI流入规模

数据来源：UNCTAD data。

（二）以发达经济体内顾倾向为代表的逆全球化浪潮再次兴起

从200余年经济全球化的发展历程看，反全球化或者抵制全球化的情况时有发生。以往逆全球化的呼声主要从发展中国家发出。而危机以来，发达经济体反而成为逆全球化的主要代言人和主要推动力量，日益显现出很强的内顾倾向：

一是贸易保护主义抬头，阻碍了贸易自由化发展。危机以来，发达经济体为了实现经济复苏，一些国家纷纷采取保护主义措施，并且有愈演愈烈之势。根据世界贸易组织发布的公报，自金融危机以来，G20国家出台的贸易限制措施已经达到了1671项，仅2015年10月—2016年5月，就实施了145项新贸易限制措施。其中，美国在2008—2016年对其他国家采取了600多项贸易保护措施，仅2015年就采取了90项。

二是引导资本回流，限制国际资本自由流动。比如为了推动投资从国外回流美国，特朗普威胁美国大公司若不将投资转回国内，将对这些公司的输美商品征收惩罚性高额关税。危机后，以美国为首的发达国家实施再制造业战略，更重视吸引投资，对跨境投资流向产生一定影响，加剧国际投资竞争。美欧日等发达国家对其他国家的投资设定了一系列限制和壁垒。比如在中国制造业企业海外并购中，遇到的壁垒和限制有越来越多的趋势。2016 年底，美中贸易全国委员会建议美国国会修改外国投资委员会的相关法规，以阻止中国国有企业“获得或以其他方式获得对美国公司的有效控制”。欧盟委员会起草了《欧盟计划这样防止企业被出售至海外》的报告，列出了限制领域清单，防止防务、基础设施和高科技领域企业被中企“出于政治动机”收购。

三是区域经济一体化受挫，前景不甚乐观。区域经济一体化是经济全球化的重要组成部分和推动力量。欧盟一向被认为是区域经济一体化的典范。然而金融危机以来，先后爆发的欧洲债务危机和难民危机对欧盟一体化体制构成了严重冲击。随着欧盟经济一体化程度不断深化，对包括政治一体化在内的治理机制的协调一致提出了更高要求。共同利益要求欧盟国家共同行动，但各国狭隘利益和既得利益阻碍了做出集体决定的道路。2016 年 6 月英国借助公投强硬“脱欧”更是对欧洲一体化进程造成沉重打击，鼓舞了欧盟内疑欧势力和极端力量。英国脱欧公投后的一段时期，西班牙、法国和意大利等国家或隐或现的“脱欧”倾向，进一步加大了逆一体化的风险。区域经济一体化进程的扭曲甚或逆转会阻碍经济全球化的发展。

（三）全球化治理体制机制变革的压力更加凸显

一是多边贸易体制建设陷入困境。世界贸易组织于 2001 年启动多哈回合谈判，虽然 2013 年各成员方通过了被称为“早期收获”的“巴厘一揽子协定”，但在主要议题上发达国家与发展中国家的利益分歧仍无法协调，全球统一的贸易协定难以达成。近年来，围绕是否继续多哈回合谈判，发达国家与发展中国家之间的争议很大，多边贸易体制建设陷入困境。发达国家不愿意在多边贸易体制中做出更多利益让步，呼吁放弃谈判；发展中国家认为多哈回合谈判包括了一些对发展中国家至关重要的问题，比如限制发达经济体的农业补贴等，因此坚持应继续谈判。发达国家表现出越来越明显的抛弃多哈回合谈判的倾向，试图以区域贸易协定取而代之。截至 2016 年底，全球向 WTO 通报的区域贸易协定已经达到 625 个，其中生效的区域贸易协定有 419 个。区域贸易协定几乎不受任何限制地过度膨胀，已经在一定程度上侵蚀着 WTO 非歧视原则的根基，冲击着世界贸易自由化体制。

二是发达和发展中国家围绕国际贸易投资新规则的竞争更加激烈。随着发展中国家的群体性崛起以及与发达国家之间力量对比的变化，危机以来，发达国家与发展中国家之间围绕国际贸易投资新规则的竞争日趋激烈。一方面，发达国家竭力推动国际贸易投资规则向对其更加有利的方向发展，维护其既得利益。《跨太平洋伙伴关系协定》（TPP）、《跨大西洋贸易与投资伙伴关系协定》（TTIP）、《国际服务贸易协定》（TISA）等成为发达国家巩固或强化其对国际贸易投资领导权的主要措施。发达国家不顾各国经济发展差异，要求全面实行高水平的贸易投资自由化，限制发展中国家的发展空间。比如将贸易投资谈判的议题向边界后规则转移，提出超出很多发展中国家发展水平的更高标准和自由度的贸易投资规则，包括推动服务业大幅度开放、以投资准入前国民待遇和负面清单方式开放市场、对政府干预的限制以及严格的环境标准、社会责任标准、知识产权标准、国有企业的“竞争中立”原则等。另一方面，金砖国家以及其他新兴经济体在国际经济体系中的影响力明显上升，中国等发展中国家主张根据各国发展阶段和经济基础不同，在尊重各国发展权的前提下，实行有差别、渐进式的开放与自由化。亚太自由贸易区（FTAAP）设想、“一带一路”建设、亚投行等体现了这样的理念和主张。

三是发达国家在全球公共问题治理规则上出现倒退。随着全球化的深入发展，大量跨国界问题的出现大大拓展了全球公地的范围，例如应对气候变化、传染病防控、网络安全、食品安全、国际金融监管等，需要制定比较完善的全球公共问题治理规则，使各国能够共同应对。发达国家经济发展水平高、治理实力也比较强，由于其先发展而占用了全球更多的发展资源，理应在全球公共问题治理上担当更大的责任。而事实上，部分发达国家在关系到切身利益的全球公共治理问题上更多的是抱着功利主义的思想，多占点便宜、少承担点责任。在应对气候变化问题上，发达国家对自己以大规模排放量换取经济发展造成全球气候变化的后果推脱责任，还一味要求发展中国家实施大规模减排，由此导致全球气候变化治理规则的谈判异常艰难。金融危机以来，部分发达国家以在全球公共治理规则上倒退作为谋求更大利益的手段，阻碍了全球化进程。

三、经济全球化面临的主要问题和挑战

开始于1990年前后的这一轮经济全球化在广度和深度上超过了历史上任何时候。全球贸易、投资和产出等多项指标都显示出，2008年国际金融危机爆发之前，这一轮经济全球化的发展达到了一个顶峰，金融危机的爆发有可能成为这一轮全球化发展的拐点，经济全球化的发展面临着重大挑战，正处于历史转折点。更多的理论和实证研究认为，经济全球化是非零和的，而现阶段全球化发展的挑战主要是由西方国家主导的全球化管理和治理方式以及由此产生的利益分配格局面临难以持续的挑战，发展不平衡是当前经济全球化面临的核心问题。

（一）国家之间发展不平衡问题未能显著改善

经济全球化是市场、技术和制度因素共同作用下出现的一个历史现象。市场力量是经济全球扩张的根本动力，技术进步是“催化剂”，制度因素则是“闸门”。始于1990年前后的本轮经济全球化，在西方国家的主导下，其制度取向是全面自由化、市场化和私有化，以资本在全球大规模空间扩张为主要方式，以贸易自由化和国际分工体系（全球价值链）的构建为核心内容，市场自发作用和资本的逐利天性得到充分展现，但在一定程度上忽视了全球化的均衡性、可持续性和包容性，加剧了全球发展不平衡。

发达国家与大部分发展中国家之间的发展不平衡问题并未明显改善。在西方发达国家主导下，经济全球化形成了以发达国家为中心、众多发展中国家为外围的“中心－外围”的发展格局。资本的跨国流动和要素的全球布局，推动形成了以产品价值链为组

带、打破国家和地区界限的国际分工体系。在该体系中，发达国家以产品的研发、关键设备、核心零部件生产等工序为主；新兴工业化国家以产品的主要零部件制造工序为主，发展中国家主要进行辅助零配件加工、组装等工序生产。发达国家凭借资金、技术等优势，处于全球价值链（国际分工体系）的上游，获得更多利润，而发展中国家多处于价值链的下游，这就决定了全球化收益的分配并不均衡。《2014 年世界贸易报告》指出，许多发展中国家仍然处于全球价值链的下游，从事技术含量较低的活动，与发达国家仍有较大差距。从全球价值链的微笑曲线变化看（见图 1 – 3），随着全球化的深入发展，微笑曲线比 40 年前变得更加陡峭了，这意味着研发、设计和营销等环节的收益更高，而处于制造和组装等环节的收益更低。发展中国家在全球贸易中的比重显著提高，达到 50% 左右，但由于大多处于收益更低的价值链下游环节，获得的实际收益并不非常突出。

经济全球化并未显著缩小高收入国家与大多数中低收入国家之间的人均收入差距，发展不平衡问题仍很突出。按照世界银行的划分，东亚太平洋、欧洲和中亚、拉丁美洲和加勒比海、中东和北非以及撒哈拉以南非洲五个区域覆盖了包括中国在内的 132 个中低收入国家。1980—2016 年，仅有东亚和太平洋区域中低收入国家的人均 GDP 水平与高收入国家之间的差距大幅缩小，而其他四个区域的中低收入国家与高收入国家人均 GDP 水平之间的差距没有明显缩小甚至还有扩大（见图 2 – 2）。比如，1980 年高收入国家的人均 GDP 是撒哈拉以南非洲地区中低收入国家的 13. 3 倍，2002 年之前这一差距甚至扩大到近 51 倍，虽然最近十几年有所缩小，但到 2016 年两者差距仍有 28 倍，这些国家相对于高收入国家更穷了。部分国家，如低收入国家更多依赖初级产品出口，竞争力不高且抗风险能力差，在全球化进程中出现增长低迷、资源透支、效率低下等问题，相对高收入国家的发展差距会更大。数据显示（见图 2 – 3），1980 年高收入国家的人均 GDP 水平是低收入国家的约 30 倍，2004 年曾达到 110 倍的峰值，之后虽然下降到 2016 年的约 66 倍，但仍远高于 1980 年。

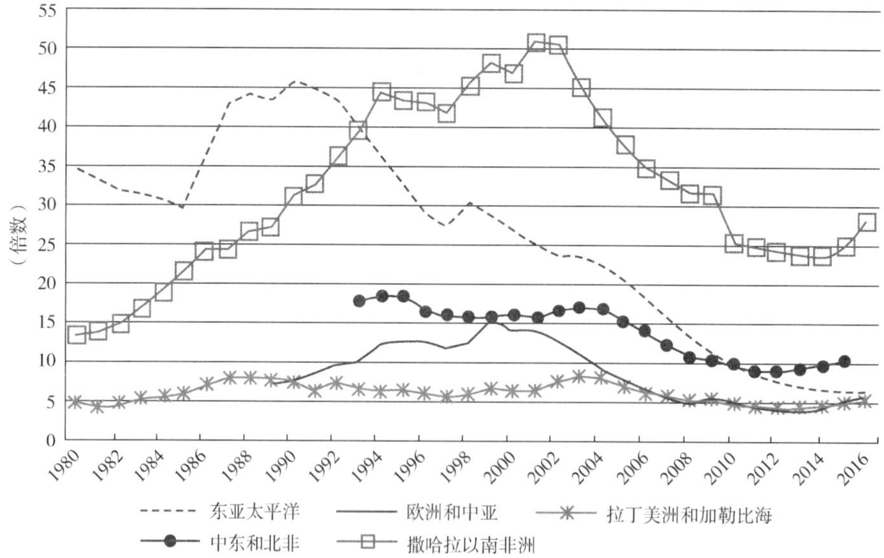

图 2 – 2　高收入国家与不同地区其他国家的人均 GDP 差距

数据来源：WDI database。

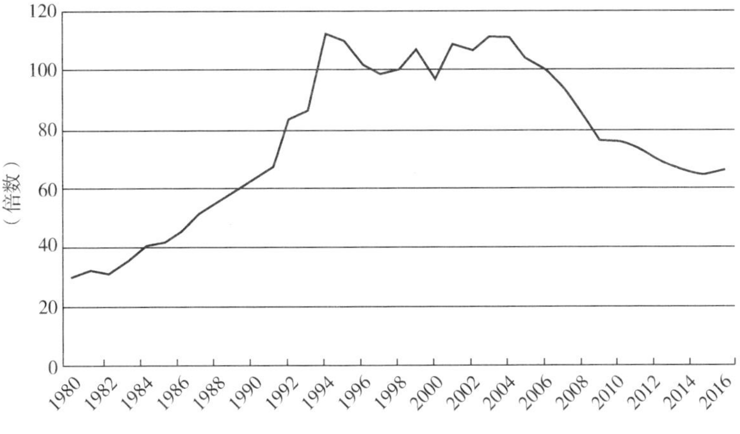

图 2－3 高收入国家与低收入国家人均 GDP 的差距

数据来源：WDI database。

（二）国家内部不同群体利益分配不合理、不均衡问题更加突出

以市场化和全面自由化为基本原则推进经济全球化，客观上必然导致全球化收益很难在不同群体间公平分配，必然会产生“受益群体”与“受损群体”之间的差别。长期以来，大量研究对经济全球化加剧国家内部贫富差距等问题予以关注，发展实践也表明了仅靠市场力量自发驱动的经济全球化难以改善甚至进一步加剧了一国内部的发展不平衡问题。

有关统计数据（WID）显示，总体而言，随着经济全球化的快速发展，世界主要国家中最富裕的 1% 群体的收入占国民收入比重呈明显上升趋势，特别是 20 世纪 80 年代以来，财富向少数群体集中的态势更为明显，比如美国 1% 最富裕群体占国民收入的比重从 10% 提高到超过 1/5。进一步考察各国最富裕的 10% 群体的收入在国民收入中的比重，也呈现出随经济全球化推进而提高的趋势。有机构研究显示，2016 年占全球总人数 1% 的富人群体所拥有的财富将超过其余 99% 全球人口财富的总和。[①] 对部分国家最低收入的 50% 人口占有国民收入情况的考察显示，20 世纪 80 年代以来的收入比重下降趋势也比较明显，而居于中间位置的 40% 人口占有国民收入的比重在主要发达国家，如美国和法国，呈现小幅下降或者基本稳定，一些新兴市场国家，如印度则出现近 10 个百分点的下降。从基尼系数的变化来看（见图 2－4），20 世纪 80 年代以来，世界 103 个国家基尼系数的平均水平基本呈现提高趋势，90 年代中期以前，基尼系数从 0.32 提高到 0.4，90 年代中期以来，基尼系数出现回落，但仍然高于 80 年代的水平。收入差距的扩大已经日益成为威胁各国社会稳定的重要因素，示威、暴力冲突和社会分裂倾向进一步支持了政治极化，为民粹主义、民族主义倡导反全球化提供了基础。

① 乐施会全球贫富差距报告（http：//finance. chinanews. com/cj/2015/01－27/7009775. shtml）。

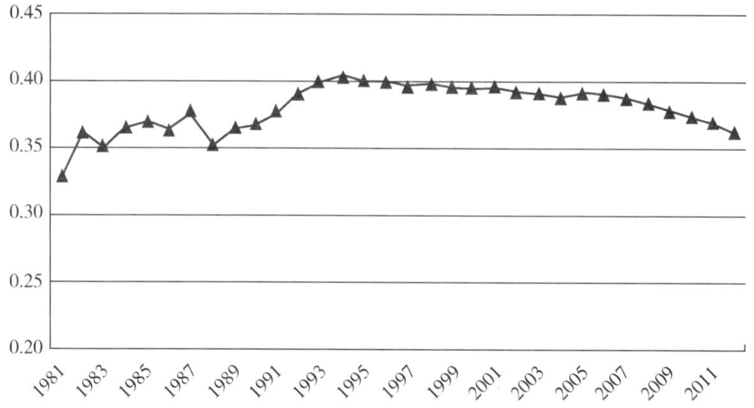

图2－4　20世纪80年代以来世界平均基尼系数变化趋势

资料来源：世界银行WDI Database，联合国大学世界收入不平等数据库。

发达国家之所以成为这一轮反全球化的主要代言人，重要的推动因素是全球化红利在其内部不同阶层之间分配不均衡问题日趋严重，而政府借反全球化转移国内发展不平衡矛盾。越来越多研究表明，国际贸易或经济全球化的其他形式带给一国的收益并不能自动为所有群体均等合理地分享，配套的收益补偿机制（经济制度和社会政策）是不可或缺的。一方面，以资本扩张为主要方式的经济全球化为资本提供了高于经济增速的回报水平，即资本回报率高于经济增长率（皮凯蒂，2014）。以跨国公司为主体将大量资本投向拥有劳动力和资源优势的发展中国家，往往都能获得超过本国的投资回报，资本所有者能获得更高收益。另一方面，国际分工体系的构建对不同国家产业发展产生不同影响，对具有不同技能的劳动者的需求差异和报酬差异直接影响了不同群体的收入水平。《全球价值链发展报告2017》的有关数据显示，随着发达国家相对低端和劳动密集型产业的向外转移，本国低技能劳动者获益较少，不同技能劳动者的收入差距拉大，而新兴国家参与国际分工体系，改变了不同技能劳动力的报酬水平，也对不同群体收入差距产生影响。以小时报酬来衡量（见图2－5、图2－6），1995—2009年美国高技能劳动者的报酬水平大幅高于中、低技能劳动者，并且提高速度更快；而中等和低技能劳动者的报酬水平基本不变甚或下降。这就意味着，部分社会底层人群不是少分享了全球化收益，而是完全被排除在外，其相对弱势地位更加固化。而在中国，随着参与国际分工体系程度不断提高，高中低技能劳动者报酬水平的差距也逐渐拉大，但这是在不同阶层收入均较快提高基础上的差距拉大，更多体现为分享收益多少之间的差距。

Michael Spence等（2011）[①] 发现，1990—2008年，美国处于价值链低端的制造业大量转移到海外，相关就业岗位随之丧失；此期间的新增就业几乎全部来自以服务

① Michael Spence and Sandile Hlatshwayo, The Evolving Structure of the American Economy and the Employment Challenge, 2011。

业为主的非贸易部门。由于留在国内的制造业生产率不断提高，非贸易部门生产率提高较慢，形成对人力资本的不同需求，相应劳动力市场形成两极化趋势，中间层次的岗位相对减少，这导致中产阶级收入增长缓慢甚至停滞。在政府再分配政策执行不力的情况下，收入分配状况必然恶化，基尼系数从 0.38 左右提高到约 0.42①，分配不均衡的矛盾已经激化到可能引发社会危机的程度。欧盟情况大体类似，多数国家失业率都比较高，截至 2016 年底，欧盟和欧元区的失业率依然维持在 8.2% 和 9.6% 的较高水平，欧元区青年失业率达 20.9%，希腊、西班牙和意大利的青年失业率甚至超过 40%。有分析表明，英国公投选择脱欧的往往是自认为在全球化中受益最少或受损的群体，受教育水平低的地区，投票选择脱欧的比例最高；20 个选民平均受教育水平最高的地区都选择了留欧，小时工资中位数最高的地区更多选择留欧。

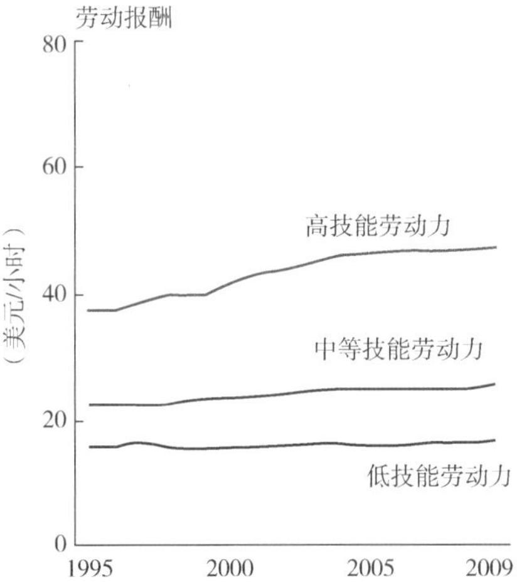

图 2-5　美国不同技能劳动者报酬差异

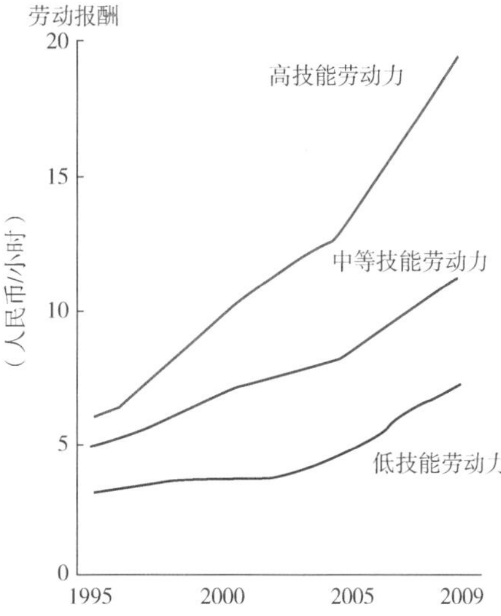

图 2-6　中国不同技能劳动者报酬差异

资料来源：World Bank，IDE-JETRO，OECD etc. Global Value Chain Development Report 2017。

经济全球化过程中出现的国内发展不平衡的矛盾，在金融危机之后国内经济增长乏力的情况下愈加凸显。建立和完善国内应有的收益补偿机制，积极通过改革来促进经济增长，这本应是缓解国内矛盾的根本途径，但在西方代议制民主制度下，政治家更倾向于选择将国内矛盾焦点引向外部，引向经济关系伙伴甚至指向全球化本身，反全球化更多成为以民粹主义为标签的政治极化表现。从全球治理的角度看，部分发达国家背弃国际规则，单方面采取保护主义、孤立主义等措施，其实质是以宣称的谋求国家利益最大化来转移国内矛盾和自身应负的责任。

① 美国基尼系数数据来自世界银行 WDI database 和联合国大学世界收入不平等数据库。

（三）经济全球化的动力机制面临严峻挑战

在国际金融危机爆发之前，全球经济经历了近20年的繁荣发展时期。按照康德拉季耶夫经济长周期理论，以50年左右来划分，自1789年开始全球经济大体经历了五个长周期，每个周期的上下半场分别处于上升和下降状态。以信息技术革命为分界，1990年前后全球经济步入第五个长周期，预计将于2030年左右结束。始于1990年前后的这一轮全球化发展高潮正好与全球经济第五个长周期的上升阶段相重合，客观上为形成全球化繁荣提供了有利条件和基础。经济全球化的深入发展使得各国相互依赖加深，在全球繁荣期，国家之间形成了互促互荣的发展关系。具体表现为，在经济长周期变化的背景下，各国有动力通过密切相互经济联系而不断做大世界经济总量来分享增长收益，因此可以观察到，以资本的全球扩张为主导不断做大全球化蛋糕构成推动全球化深入发展的主要动力机制。

这一动力机制是由三个支柱共同支撑并发挥作用的：①以降低关税和非关税壁垒为核心的贸易自由化。以关税及贸易总协定和世界贸易组织（GATT/WTO）为代表的多边贸易体制，极大地促进了世界贸易自由化发展。世贸组织成员的平均关税水平从40%下降到6%左右，大量非关税壁垒得以取消，商品跨国流动更加便利，大部分商品基本实现了全球自由流动。1990—2016年，世界商品贸易总额增长了近4倍，服务贸易总额增长了近5倍。②以市场开放为重点的资本全球化。在发达国家的积极倡导下，推动发展中国家开放国内市场，给予外资准入自由化，以实现最大限度的投资自由化和利润最大化。同时，发展中国家在发展过程中确实存在大量引进外资的需要。在世界范围内，多边、双边和区域层面促进投资便利化协定签署，为跨国投资提供了良好的环境，推动了资本全球化发展，也进一步与贸易自由化相互促进。③以新自由主义为指导的全球经济治理。在发达国家主导下，国际组织和机构以新自由主义为基本指导，以最大化实现发达国家利益为根本目标，在全球范围内推广西方市场经济制度和自由化的治理理念。鼓吹全面开放和自由化的“华盛顿共识”就是放任市场自发作用的典型代表。

从危机以来世界经济发展变化看，2008年的金融危机确实构成了经济长周期的转折点，世界经济进入周期下行阶段。在经济周期下行阶段，由于各国经济发展关联性较强，特别是主要经济体之间较强的相互依存性，在推动经济全球化发展的动力机制面临严峻挑战而难以持续快速做大全球化蛋糕时，源于经济全球化的负面冲击、负面影响被放大，各国之间的相互依赖可能演变为相互拖累，甚至引发相互踩踏，具体表现在以下方面：

一是世界经济增长传统动力弱化，对数量扩张型粗放式全球化发展模式形成挑战。在经济周期上升阶段，市场力量驱动的全球化形成了数量扩张型的全球化发展模式，即发达国家的资本在全球范围内寻找相对成本更低的资源和要素以获取更大的利润空间，通过构建发达国家消费和发展中国家生产的国际经济循环格局，以需求的扩张将更多发展中国家的资源和要素卷入生产循环中，从而实现经济总量的持续扩张，全球化的效应以收入效应为主，基本上各参与方均能获益。然而金融危机爆发以来，虽然世界经济有所复苏，但由于传统增长动力逐渐弱化，技术进步尚未形成革命性变化，支撑经济增长的新动能还不明确，潜在经济增长率尚未出现明显好转的迹象。经济周期性下行客观上决定了国际市场空间的扩展放缓。在此背景下，由需求快速扩张支撑生产扩大，进而全球经济总量扩张的循环关系受到冲击，全球化带来的增量收益空间受限，对数量扩张型全球化模式构成挑战。

二是发达国家和发展中国家力量对比发生质的变化，对西方主导型全球化推进方式形成挑战。西方发达国家主导经济全球化主要是凭借其在世界经济总量中的优势主导地位。经过20余年的发展，发展中国家群体开始迅速崛起，在世界经济体系中的地位显著提升。国际货币基金组织预计，按购买力平价计算，1990—2022年，高收入国家占世界产值的份额从64%下降到不足40%，相应地发展中国家的份额大幅提高。随着越来越多的发展中国家进入中等收入阶段，潜在需求空间巨大，对世界需求增长的拉动作用会更突出。发达国家在世界经济体系中的优势主导地位已经发生了改变，发展中国家整体性崛起已经成为必然趋势。而现行以满足发达国家利益最大化为目标、由发达国家主导的经济全球化推进方式在一定程度上已经失去了基础性支撑条件，发达国家与发展中国家间全球化收益分配再平衡的要求越来越强烈，必然需要改革全球化的推进方式。

三是全球化治理理念面临根本性挑战。随着全球化繁荣递减，国家之间，国家内部不同区域、不同阶层之间的收益分配不均所导致的发展不平衡加剧的问题越来越凸显，其根源在于以新自由主义为主导的全球化治理理念越来越不适应全球化发展的要求。一方面，全球化治理理念滞后于全球化发展格局的变化，对发达国家与发展中国家之间发展不平衡的问题视而不见，国家间缺乏收益补偿机制，发展中国家的利益诉求得不到有效反映和回应；忽视国家间经济发展阶段差异，要求发展中国家也实行高标准开放，或造成发展中国家与发达国家之间发展权的不平衡，不利于构建各国通过合作共同发展的正向激励机制。另一方面，在放任市场作用的全球化治理理念下，部分国家内部缺乏实际有效的对全球化受损群体的收益补偿机制，弱势群体得不到充分保护，全球化受益群体和受损群体或成为具有较强对立性的社会阶层划分的主要标签，不利于形成经济全球化持续发展的稳定的社会基础。

四、经济全球化发展的主要方向和新趋势

目前经济全球化发展中存在的各种问题是客观的，这不仅说明了经济全球化已经成为内生于全球经济发展体系的重要内容，而且也说明了全球化未来仍有很大的改善和提升空间，特别是在更好地实现经济全球化收益共享和促进全球发展更加均衡方面。清楚地把握未来经济全球化发展的主要方向和趋势，是我们更好地适应和推动全球化使之更好促进世界各国发展进步的基本前提。

（一）经济全球化是不可逆转的全球发展潮流

虽然世界范围内出现各种逆全球化甚至反全球化的声音，尤其在一些发达国家，部分利益受损群体的情绪化、缺乏理性的声音或诉求影响了选举和国家经济政策的走向，在一些领域或某些方面暂时出现了政策倒退，但这并不能左右经济全球化发展大局。无论是从市场机制的决定性作用，技术进步进一步促成“无国界”交流，还是基于全球价值链的世界生产模式的发展趋势以及全球需求扩张的动力等方面来看，经济全球化的前进趋势都难以阻挡，经济全球化是不可逆转的全球发展潮流。

一是经济全球化的决定性力量来自市场机制。20 世纪 90 年代以来全球化深入发展的根本制度基础在于市场经济体制的全球化。理论和实践证明，市场配置资源是最有效率的形式。市场决定资源配置是市场经济的一般规律，市场经济本质上就是市场决定资源配置的经济。国家发展的实践也证明，忽视市场机制的自发作用就是违背了经济发展的客观规律，难以获得持续的经济增长。正因为此，原来实行计划经济的国家都先后开启了向市场经济体制转轨的历程，并且大多取得了比较显著的效果，其中尤以我国建立有中国特色的社会主义市场经济体制的成功实践为典型代表。市场机制决定了资源在世界范围内的配置，是国际分工体系形成的制度基础，也是各国经济发展“你中有我、我中有你”的根本推动力量。因此，经济全球化实际上就是市场机制在全球范围配置资源的过程，这也决定了经济全球化将是不可阻挡的趋势。

二是技术进步将进一步推动经济活动“无国界”发展。信息技术的迅猛发展和广泛应用，进一步降低了跨国沟通和信息搜寻等交易成本，“无国界”开展经济活动的便利性越来越突出。如近年来世界范围内互联网贸易呈现快速发展态势，借助于大型的国际贸易电子商务平台，比如中国的阿里巴巴、美国的 ebay 等，成千上万的中小企业得以参与到国际贸易中，中小企业可以“卖全球”，而世界各国的个体消费者可以通过这些平台方便地实现“买全球”。这在相当程度上打破了以往由大公司垄断国际贸易的格局，也使得“无国界”的经济活动更深入人心。另外，远程呈现（Telepresence）、远程遥控机器人（Telerobotics）等技术的突破和发展在某种程度上能够降低“面对面”服务的成本。远程智能技术的发展将突破劳动力移动的限制，继而将推动服务外包的发展和深化，服务贸易的全球化将会进入一个快速发展的时期。有研究认为（Richard Baldwin，2017），如果说之前的经济全球化可能只影响了不到 30% 的产业工人，未来的经济全球化将使其余的人（主要是服务业提供者）受到影响。从目前可以观察到的发展方向看，未来技术进步将进一步消除世界各国的空间距离感，“无国界”的经济活动将达到一个新的发展高度。

三是新兴中产阶级的大量涌现将进一步推动全球化需求的发展。以往经济全球化的主要需求驱动力来自发达国家，并形成了发达国家消费、发展中国家生产的全球化生产—消费循环。而随着发展中国家的集体崛起，在新兴发展中国家中将涌现出规模庞大的新中产消费者。联合国开发计划署《2013 年人类发展报告》预测，到 2030 年世界 80% 的中产阶级将生活在发展中国家。一些机构的研究报告也指出，按照购买力平价的方法来估算，到2025年，12个新兴发展中国家或将涌现出约10亿的中产消费者，比如印度的中产阶级将增加3.97亿，中国将增加1.87亿；到2025年，全球中产阶级人数将增加到49亿，中国、印度、发达国家的中产阶级人数将分别达到10亿、5亿和7.5亿。[①] 新兴发展中国家的中产阶级将具有很强的消费增长潜力，更易于接受全球化的生活方式和消费方式，将接替发达国家的中产阶级成为全球需求的新主导力量。他们将成为全球需求扩张的主要力量，并将进一步推动全球化需求的发展，进而支撑经济全球化进一步深入发展。

四是基于全球价值链的国际生产模式使全球化生产的趋势不可逆转。近20年来，全球价值分工已经成为国际生产模式的核心。全球价值链分工具有三个显著特征：最终产品经过两个或两个以上连续阶段的生产；两个或以上的国家参与生产过程并在不同阶段实现价值增值；至少有一个国家在生产过程中使用进口投入品。进而，以中间产品贸易为代表的全球价值链贸易对世界各经济体的重要性显著增加，占全球服务贸易的70%，货物贸易的2/3。根据《全球价值链发展报告2017年》的有关估算（见表2-1），全球制造品贸易的增长超过一半来自中间品贸易，而在全球制造品贸易下降时，中间产品贸易的下降是主要因素。在价值链贸易模式下，全球经济体系更多的是在以全球生产者和消费者来划分，各国产业结构的关联性和依存度大增，一国产业结构必须与其他国家产业结构互联互通，在互利共赢中实现动态调整和升级，才能获得资源整合、要素配置效率和全要素生产率的提高所带来的红利。全球价值链、产业链和供应链已经对国际生产、贸易和投资产生了深远影响，全球市场依存度日益加深，全球制造正取代“美国制造”“德国制造”“中国制造”成为发展的大趋势，全球化生产的趋势是不可逆转的。

表2-1　1995—2015年全球制造品贸易中不同贸易类型的贡献（%）

类　别	对制造品贸易增长的贡献			对制造品贸易下降的影响		
	1995—2000	2001—2008	2009—2014	2000—2001	2008—2009	2014—2015
中间品贸易	45.3	52.0	50.2	79.0	55.4	47.0
最终产品贸易	54.7	48.0	49.8	21.0	44.6	53.0

资料来源：World Bank，IDE-JETRO，OECD etc. Global Value Chain Development Report 2017。

五是经济全球化有清楚的利益导向，推动全球化继续发展是国际主流意识。经济全球化不是零和博弈，有着非常清楚的利益导向。各国参与经济全球化的目标都是要获得更好的经济增长。以往发展实践也证明了，全球化在总体上有助于促进世界经济增长。经济全球化是社会生产力发展的客观要求和科技进步的必然结果。经济全球化是改善人民生活、创造人类文明的有效途径。虽然欧美等发达国家成为此次反全球化的主要力量，但实际上他们在全球化中收益明显。美国前财政部长亨利·保尔森（Henry Paul-

① 奥美：《锐速12国报告》，http://finance.sina.com.cn/stock/usstock/c/2016-08-24/us-ifxvcsrn9138336.shtml。

son）曾援引彼得森国际经济研究所的数据，美国自二战以来更深入地参与世界经济，使家庭实际收入增加了 1 万美元。更多相关研究也得出了类似的结论。Gary Clyde Hufbauer 和 Zhiyao（Lucy）Lu（2017）测算表明，2003—2016 年，美国的双向贸易增长了 49.5%（1.644 万亿美元），在此期间，实际 GDP 增长了 25.5%。进一步考察，按照 2016 年美元计算，1950—2016 年美国通过参与经济全球化扩张贸易使 GDP 增加了约 2.1 万亿美元，人均产出增加了 7014 美元，户均产出则增加了 18131 美元，分别相当于 2016 年水平的 11%、12% 和 12%（见表 2－2）。美国彼得森国际经济研究所的相关研究预计美国 2025 年从全球化中获得的收益将达到 5400 亿美元，也就是说，人均 GDP 将增加 1670 美元。[①] Fajgelbaum and Khandelwal（2016）通过对 27 个欧洲国家和其他 13 个大国的研究表明，通过国际贸易，位于收入最底层 10% 分位数的消费者的实际收入增加了 63%，而位于收入最高层 90% 分位数的那些消费者的实际收入增加了 28%。

表 2－2 1950—2016 年美国贸易扩张获得的收益（按 2016 年美元计价）

类　别	1950—2003 年收益	2003—2016 年收益	1950—2016 年总收益	相当于 2016 年水平的比重（%）
GDP 收益（10 亿美元）	1864	191	2056	11
人均产出收益（美元）	6424	590	7014	12
户均产出收益（美元）	16574	1557	18131	12

资料来源：转引自 Gary Clyde Hufbauer and Zhiyao（Lucy）Lu，The Payoff to America from Globalization：A Fresh Look with a Focus on Costs to Workers，Peterson Institute for International Economics，Policy Brief。

从微观层面的数据看，跨国公司是 20 世纪 90 年代以来经济全球化中的中坚力量，1990—2015 年全球前 100 家跨国公司的海外销售和资产占比分别提高了约 10 个和 20 个百分点（见图 2－7），2016 年超过 2/3 的销售额产生在海外，这也意味着海外市场为其创造了主要利润。而这 100 家跨国公司中 90% 以上来自发达国家。跨国公司通过贸易和投资全球化从海外获取了大量利润，已经成为发达国家获得全球化收益的一个重要渠道。

虽然目前出现了各种反全球化的声音，但推动全球化继续发展仍然是国际主流意识。近年，在不同的多边合作机制和平台下，各国对经济全球化的发展前景予以深入的讨论，形成一些重要共识，比如全球化的基本原则和积极面应予以充分肯定和坚持，不能开倒车；全球化要照顾到边缘化和利益受损的人群。如在 2016 年 G20 杭州峰会上，各国领导人承诺推动贸易投资自由化和便利化，加强开放型世界经济；2017 年 G20 汉堡峰会上，领导人一致支持全球化，承诺市场开放，反对贸易保护主义。根据有关资

① https：//piie.com/commentary/speeches－papers/payoff－america－global－integration。

料①，欧盟最新民意调查显示，欧洲人对一体化的看法日益积极，并且支持率还有继续上升的趋势。从美国目前相关政策的调整来看，美国并不真正反对全球化和多边主义，实质是通过回归到“双边主义”来提高美国商品和服务在国际市场的份额，以此维护美国利益最大化。实际上，发达国家比其他国家都更加清楚任何国家都不会在去全球化中真正受益，出于自身利益考虑，发达国家不会真正反对或退出全球化。

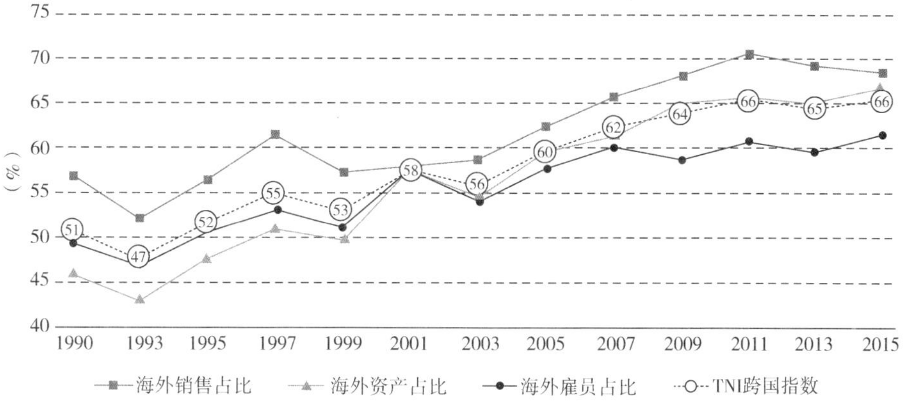

图 2－7 全球前 100 家跨国公司的国际化发展趋势

注：TNI 等于跨国公司的海外销售占比、海外资产占比和海外雇员占比的平均值。

资料来源：UNCTAD，World Investment Report 2017。

（二）解决发展不平衡是新阶段经济全球化发展的主要方向

经济全球化是不可逆转的发展潮流，但同时我们也必须正视当前全球化发展出现的各种问题。只有在正确认识和有效解决经济全球化存在的核心问题与突出矛盾的基础上，经济全球化的继续发展才能更好地促进人类发展进步。如前文所述，经济全球化发展的核心问题就是发展不平衡，既体现为全球层面上全球化收益在国家之间分配的不均衡，也体现为不同国家内部存在的收入分配不公平问题。这两类发展不平衡正是一直以来逆全球化、反全球化现象反复出现的根本原因。而此次之所以影响这么大，主要因为发达国家内部利益受损群体的反弹力量很大，并通过政治极化表现在对外政策取向变化上，进而对全球治理都产生影响。另外，在互联网时代，各种极端、消极和情绪化的言论都可能通过网络扩散和放大，可能产生的负面效应也会被放大。因此，在一定程度上讲，当下出现的逆全球化现象已经不同于以往，需要各国共同努力，通过妥善应对和重塑经济全球化来带领世界始终走在通向光明的发展道路上。

推动从不平衡到平衡的“新国际秩序”的转变，塑造共赢共享的全球化。经济全球化将进入一个新的发展阶段，新阶段的经济全球化将必须以有效解决发展不平衡问题为主要方向。世界各国应携起手共同努力推动构建从不平衡到平衡的全球经济治理。其

① http://finance.china.com.cn/roll/20170807/4340061.shtml。

核心要义就是要明确重塑“共赢共享”的经济全球化。从现实政治的角度，共赢共享的全球化需要重视解决国内收入分配不平衡的问题，特别是发达国家穷人的发展问题。要正视发达国家对国际体系的实际影响力，推动发达国家解决好国内弱势群体的发展问题。中国从维护和促进世界经济稳定增长，通过积极扩大进口，为包括发达国家在内的世界各国提供分享中国市场增长的机会，有助于实现经济全球化再平衡。各国都应重视加快国内改革，以更好解决收入分配不公平问题。比如强化社会保障网体系，不断提高劳动者的技能和生产率，完善再分配调节机制等。从政治正确的角度看，共赢共享的全球化要合理照顾发展中国家的利益。平衡的“新国际秩序”要求的是发达国家与发展中国家大致平衡的发展格局，这是整个世界不断向前发展的重要基础。应不断推进全球经济治理机制的改革完善，全面反映世界经济格局中发展中国家地位不断提升的现实，更有效地体现发展中国家的利益诉求，照顾发展中国家的发展利益，更好地实现全球化收益的均衡分配，使发达国家与发展中国家之间真正实现联动发展和共享发展。需要重视的是，要对提高国家间基础设施的连通性给予更高关注。到目前为止，经济全球化的发展更多发端于海洋并且也为沿海国家或地区的发展提供了更好的机会。而内陆型国家，由于交通便利性较差，在全球化中发展空间相对受限。新阶段的经济全球化要实现从沿海型全球化向内陆型全球化的转变，就要彻底消除国家间陆路交通的障碍，重视提高内陆型国家与外部世界的物理连通性。

（三）重塑动力机制和改革收益分配机制是新阶段经济全球化发展的必然趋势

面对挑战，新阶段的经济全球化应着力构建包容开放的全球化和可持续的全球化，这是人类社会发展进步的必然要求。具体来看，重塑包容开放和可持续的全球化要求：

一是推动从不包容到包容的“新经济模式”的转变，塑造包容开放的经济全球化。多样性是世界前进的动力和源泉，各国必须走适合本国国情的发展道路。在经济全球化的发展中，要包容开放地对待各国多样性的经济发展模式。要摒弃新自由主义倡导全面自由化的发展标准，承认不同发展模式、发展道路的适用性和有效性。当前出现的多边或区域经济合作协定政治化的倾向，即把地缘政治的考虑掺杂进贸易投资合作安排中，这在根本上不利于经济全球化的健康发展。因而，包容开放的全球经济发展模式要求建立能够反映世界多极化现实、更加强调以规则制度来协调的全球治理体系。

二是推动从不可持续到可持续的“新生态体系”的转变，塑造可持续的经济全球化。全球经济可持续的“新生态体系”应包括两个方面：一方面，要正视国家间发展不平衡问题，各国应共同努力探索建立国家间收益补偿机制。在国际经济体系中，大国相对小国而言从全球化中获益更多，自身可持续发展能力更强，大国经济波动的外溢效应更大，小国更容易受到冲击。因此，经济大国应对全球经济体系的可持续健康发展担负更多的责任。大国应合力引导好经济全球化走向，提供更多先进理念和公共产品，推动建立更加均衡普惠的治理模式和规则，促进国际分工体系和全球价值链优化重塑。比如，中美作为世界两个最大的经济体，在处理中美之间贸易矛盾时应更多从为全球发展营造良好环境和更好带动其他国家共同发展的角度来考虑。另一方面，要重视发挥创新驱动全球经济增长的作用，努力培育全球经济增长新动能。创新是发展的源泉动力。在当下全球经济增长面临传统动能逐渐弱化的背景下，国际社会应更加重视鼓励创新，通过创新来孕育增长新动能，通过创新来寻求解决全球发展问题的新路径。发达国家作为全球创新资源的高地，应在推动创新资源和成果向全球扩散方面发挥更大的作用。

（执笔：王蕴　姜雪）

第三章　全球化发展新趋势下优化外资利用和管理水平的策略

内容提要：利用外资是我国经济发展的长期战略，在防控风险的前提下适当扩大外债规模是现阶段我国实现“扩流入”的重要方式。近年来，随着全球化发展呈现出许多新特点，我国利用外资和外债管理中面临着一系列新问题。一方面，随着国际政治经济的不确定性因素增多，进一步提高外资利用水平的难度增大，未来需在稳定外资规模的前提下，提高外资利用质量，优化外资结构，更好地发挥外资在我国产业转型升级和区域协调发展中的作用。另一方面，随着我国外债管理方式由额度审批向登记备案制转变，金融机构和企业的外债规模将不断扩大，外债的波动性将有所增强，必须探索完善全口径的外债管理体系，进一步提升外债资金的利用效率。

一、全球化新趋势下我国外商投资的发展方向

利用外资是我国改革开放以来经济发展的有效战略和长期方针，是中国对外开放基本国策的重要内容。改革开放 40 年以来，中国不断提高开放水平，促进投资便利化，中国逐步成为全球跨国投资主要目的地之一。尽管从经济基本面来看，我国综合投资环境仍然对外资具有较大吸引力，吸引外资将继续保持高水平，但是随着国际环境不稳定、不确定因素增多，我国经济步入新常态，我国利用外资中也存在着一系列新问题需要解决，包括如何进一步稳定外资规模、提高外资利用质量，优化外资结构，更好地发挥外资在我国产业转型升级和区域协调发展中的作用。

（一）稳定外商投资的规模和速度

改革开放以来，得益于我国巨大的国内市场，完善的基础设施条件、完整的产业体系以及不断健全的法制体系，中国对外资的吸引力不断提升。1993 年以来，我国吸引外资水平一直居发展中国家首位，同时表现出鲜明的阶段性特点。整体来看，我国外商投资水平无论是纵向还是横向比较均呈现增速放缓态势，稳定我国外商投资的规模和增速的难度有所增加。

从纵向看，亚洲金融危机后，2001—2008 年，我国吸引外商投资水平快速增长，全国实际利用外商直接投资规模从 1996 年的 417.15 亿美元大幅提高至 2008 年的 923.95 亿美元，增长了 1.2 倍；2008—2009 年受全球金融危机的影响，我国利用外资

水平曾一度出现短暂下降。但是在发达国家宽松的货币政策环境，以及新兴市场较快的经济增速共同作用下，2009—2011 年流入我国的外商资本规模迅速回升，外资利用水平再次进入了快速增长期；2012 年后，受全球经济增长疲软以及世界贸易增长乏力，我国经济进入新常态等国内外因素影响，全球外商投资与我国利用外资增速水平均明显放缓，2016 年我国实际利用外商直接投资水平也出现了一定程度的下降，下降率为 0.21%（见图 3－1）。

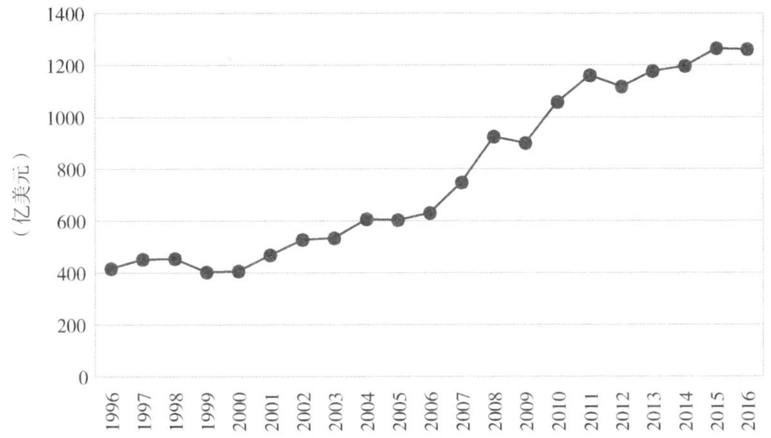

图 3－1　1996—2016 年中国实际利用外商直接投资金额

数据说明：数据来自中国商务部；未包括银行、保险、证券领域吸收外资数据。

从横向看，联合国贸易和发展会议《2017 年世界投资报告》数据显示，2016 年全球外商直接投资（FDI）流入量下降了 2%，至 1.75 万亿美元。其中，受美国经济复苏的利好影响，流入发达经济体的 FDI 总量较上年增长了 5%，至 1 万亿美元，美国作为全球最大 FDI 接受国，流入量约为 3850 亿美元，英国则从 2015 年的第 12 位上升至第 2 位，FDI 流入量达 2540 亿美元。相反，经济增长放缓和大宗商品价格下跌则对流入发展中经济体的 FDI 造成较大不利影响，发展中经济体 FDI 流入量总体减少了 14%，至 6460 亿美元。2016 年，我国吸引 FDI 流入量为 1340 亿美元，位居美国和英国之后，处于全球第 3 位，增速明显低于同期发达经济体。

（二）优化外商投资的产业结构

随着我国经济实力的增强，外资在我国固定资产投资中所占的比重不断下降，2016 年已降至 1.5%。根据外商投资的“三缺口”模型（发展中国家对外资需求的原因，除了储蓄不足和外汇储备缺乏，更重要的是技术落后），在当前我国国内储蓄与外汇储备相对充足，但缺乏先进的技术水平和管理能力的背景下，我国利用外资中的重点应在如何进一步优化引资结构，进一步促进我国逐步向实现高端制造业、现代服务业“双轮驱动”迈进。

近年来，随着我国不断加大服务业对外开放，积极承接国际服务业外包，服务业利用外商直接投资额快速上升。2010 年，我国服务业利用外商直接投资额占比超过制造业，成为我国利用外资第一大领域和利用外资的主要增长点，此后服务业和制造业外商投资的绝对水平和所占比重之间的差距不断扩大。2016 年，我国服务业利用外商直接投资规模由 2005 年的 288.79 亿美元提高至 885.15 亿美元，所占比重由 39.9% 提高至 70.2%；而制造业外商投资规模则从 2005 年的 424.52 亿美元下降至 354.92 亿美元，所占比重从 58.6% 下降至 28.2%。2016 年，我国服务业外商投资所占比重已经明显高于美国外商投资中制造业的所占比重（44.6%）（见图 3-2）。

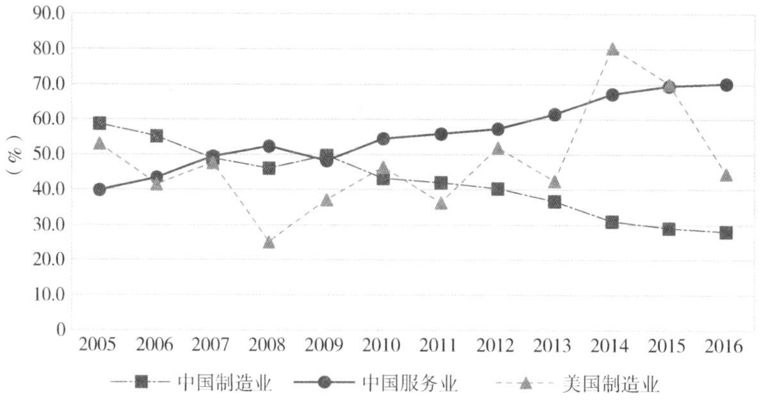

图 3-2 2005—2016 年外商投资的产业结构

数据来源：CEIC 数据库。

一方面，从服务业角度看，服务业外资规模以及所占比重的快速提升，表明我国在放宽服务业准入条件，简化服务业外商直接投资手续，优化国内服务业软环境上取得了重大进展。服务业利用外资在促进我国经济增长、创造就业机会、扩大服务贸易、推动服务创新、引进新的商业模式、催生新型服务业态、激发新兴服务消费、提升服务业管理水平等方面发挥了重要的作用。但是我国服务业利用外资水平还有待提高，结构有待优化。当前我国服务业利用外资中房地产行业比重偏大，高技术服务业和生产性服务业利用外资比重相对较低，外资引致的技术进步和创新，引入的先进服务模式较为有限，改善我国生产性服务业和高技术服务业“两大短板”的效果需要进一步提升。

另一方面，从制造业角度看，制造业是一国振兴实体经济的关键，制造业尤其是高端制造业是我国实现由经济大国向经济强国转变的关键。美国作为服务业大国，政府在金融危机后也提出重振制造业战略，主动引导制造业投资回流美国本土。因此，我国外商投资产业结构的优化方向不应简单理解为降低制造业外商投资规模，而应强调制造业内部外资结构的优化调整。近年来，随着我国劳动力、土地、环保等生产成本的上升，同时周边国家的竞争加剧，我国原有的以廉价资源比较优势吸引外资、形成大规模生产和低价出口的发展模式受到严峻挑战，低端产业扩张难以为继，战略新兴制造业的新优势尚未形成规模。这些内外因素共同导致外商投资企业效益提升缓慢，导致部分制造业外资回流。

无论是高端服务业还是制造业领域，在外资对东道国营商环境的要求日益提高的大背景下，我国营商环境一定程度上制约了外资的增长和提质。经济合作与发展组织（OECD）最新发布的外商直接投资监管限制指数数据（见表3－1）显示，2016年我国外商直接投资限制指数平均为0.327，尽管较上年已有明显下降，仍远高于OECD成员平均值（0.067），同时也高于印度、巴西、俄罗斯、南非等其他金砖国家。此外，世界银行最新营商环境调查显示，2016年中国营商便捷度指标在全球190个经济体中排在第78位，在新设立企业的便捷度上居世界第127位。此外，技术主导型产业对于商标和专利的保护尤为重视，例如美国企业在对外投资中特别注重投资目的地的知识产权保护和法治情况，而当前我国的产权保护情况与发达国家相比仍存在较大差距。因此，为了强化我国在高技术制造业外资的比较优势，同时打造在高端服务业上的新优势，未来必须进一步放宽外商直接投资准入条件，同时简化手续，优化服务水平，提升知识产权保护力度。

表3－1 2016年世界主要国家的OECD外商直接投资监管限制指数

国家		整体平均	第一产业	第二产业	第三产业
法国		0.045	0.155	0	0.033
德国		0.023	0.069	0	0.022
日本		0.052	0.069	0.005	0.077
韩国		0.135	0.250	0.060	0.141
英国		0.040	0.138	0	0.029
美国		0.089	0.181	0.028	0.094
OECD成员平均		0.067	0.097	0.033	0.083
金砖国家	中国	0.327	0.373	0.184	0.402
	巴西	0.101	0.188	0.025	0.118
	俄罗斯	0.187	0.157	0.079	0.267
	印度	0.212	0.213	0.041	0.321
	南非	0.055	0.010	0.010	0.101

数据说明：数据来自OECD FDI Regulatory Restrictiveness Index数据库（完全开放=0，完全限制=1）。

（三）改善外商投资的来源构成

长期以来，我国利用外商投资来源地偏窄的问题一直较为突出。我国利用外商直接投资的来源地中，香港特区占绝对优势，来自欧美等发达经济体的外商投资无论是绝对金额还是占比均呈现不断下降趋势。2016年，香港特区在我国外商直接投资流入中所占的比重高达69.2%，明显高于其他外资来源地。

事实上，中美两国作为世界上最大的经济体，是全球范围内FDI最主要的流入国，但两国之间的双边投资规模却十分有限。2016年，全球约22.4%的外商直接投资流向美国，7.1%流向中国。但是，中美两国之间的直接投资额却仅在2%—3%左右。其中，2016年，美国对中国直接投资为38.3亿美元，仅占当年中国全部外商直接投资流入的3.0%；类似地，2016年，中国对美国直接投资为103亿美元，仅占美国全部外商投资的2.3%（见表3-2）。中美两国双边投资规模与双方贸易往来规模严重不匹配。

表3-2　2016年中美两国外商直接投资的主要来源地（亿美元，%）

中国				美国			
排名	来源地	金额	占比	排名	来源地	金额	占比
1	香港特区	871.8	69.2	1	瑞士	717	15.7
2	新加坡	61.8	4.9	2	卢森堡	614	13.4
3	韩国	47.5	3.8	3	加拿大	519	11.4
4	美国	38.3	3.0	4	荷兰	511	11.2
5	台湾地区	36.2	2.9	5	英国	491	10.7
6	澳门特区	34.8	2.8	6	爱尔兰	403	8.8
7	日本	31.1	2.5	7	日本	339	7.4
8	德国	27.1	2.2	8	法国	243	5.3
9	英国	22.1	1.8	9	德国	141	3.1
10	卢森堡	13.9	1.1	10	中国	103	2.3

数据来源：中国数据来自商务部网站，上述国家/地区对华投资数据包括这些国家/地区通过英属维尔京、开曼群岛、萨摩亚、毛里求斯和巴巴多斯等自由港对华投资；美国数据来自 Bureau of Economic Analysis。

外资来源过度集中在香港特区主要有两方面不利影响。其一是不利于我国稳定外商投资的规模和速度，随着香港特区对内地投资趋向谨慎，港商撤资风波不断，进一步加剧了我国整体利用外资水平的波动风险。其二是不利于发挥外商投资的技术溢出效应。一般来说，欧美日跨国公司投资项目规模较大，产业层次高，技术比较先进，项目带动力和辐射力强。不同于美、日等发达国家主要以跨国公司在华直接投资的模式，来自香港特区的服务业外商投资以房地产、金融和贸易领域为主，制造业引资则以中小企业为主，跨国高新技术大公司较少，产业结构相对低端，随着我国产业结构升级，内地企业科技研发实力提升，与香港企业经济和技术水平差距不断缩小，港资企业对内地企业的技术示范作用和项目带动效果不断减弱。

（四）平衡外商投资的区域分布

长期以来，中国外商投资主要集中在东部沿海发达地区，外商投资中西部地区较少，为了促进区域协调发展，充分利用不同地区在吸引外资中的独特区位优势，我国应进一步平衡外资流向的区域布局，使三大区域实际使用外资占比更趋合理。“十二五”时期，通过大力推进中部崛起和西部大开发战略，积极引导外商扩大对中西部地区的投资，促进相关产业转移，中西部地区利用外资增长较快，外商投资的区域分布开始从东部转向中西部地区。中西部地区实际利用外资水平已从“十一五”期末的158.8亿美元提升到“十二五”期末的203.9亿美元，增长了28.4%。中西部地区在承接产业转移方面有了明显进展，电子、汽车、航空航天、医药制造、现代农业等高端产业和服务外包等新兴业态也已初具规模，在部分领域已开始与东部地区实现同步发展。

然而2015年后，随着国际经济环境变化和国内经济结构调整，外商投资流入我国放缓，中西部地区相较于东部地区的利用外资水平受到了更大的不利冲击，中西部地区对外开放、吸引外资正面临新的挑战。商务部数据显示（见表3-3），2015年中部地区的实际使用外资金额较上年下降了3.8%，西部地区下降高达7.6%，中西部地区在我国实际使用外资的占比由2014年的16.8%下降至2015年的15%，而东部地区的实际使用外资金额则实现8%左右的增速，占比也由2014年的76.20%提高至2015年的78.09%。外商投资流向在我国不同地区间的差异一方面表明，中西部地区的外资吸引水平下降是近年来我国外商投资流入规模放缓的主要原因，中西部地区在吸引和留住长期外商投资中的基础还不够牢固；另一方面也预示着我国在吸引外商投资方面还存在广阔空间，通过促进中西部地区开发开放，优化中西部地区投资经营环境，提升中西部地区的产业竞争力，中西部地区将成为我国未来吸引外资的新增长点。

表3-3 2011—2015年东部、中部、西部地区外商直接投资情况（亿美元，%）

年份	东部地区		中部地区		西部地区	
	实际使用外资金额	比重	实际使用外资金额	比重	实际使用外资金额	比重
2011	966.04	77.92	78.46	6.32	115.71	9.33
2012	925.13	76.41	92.87	7.67	99.16	8.19
2013	968.78	78.18	101.03	8.15	106.05	8.56
2014	979.22	76.20	108.61	8.45	107.79	8.39
2015	1058.68	78.09	104.44	7.70	99.55	7.34

数据来源：商务部外资统计。

（五）拓展外商投资的利用方式

制约我国进一步提升外商投资利用水平的另一个重要瓶颈在于吸收外资方式较为单一，从而限制了外商投资重大项目对我国产业结构升级的辐射和拉动作用。

国际直接投资一般可采取绿地投资或企业并购两种方式进行，这两种方式是国际直接投资的两个不同阶段：初级阶段为绿地投资，一般发生在技术水平较为落后和产业保护政策程度较高的发展中国家；第二阶段则是企业跨国并购的方式，适用于具有较成熟的产业体系和资本市场的发达国家。从国际投资的发展趋势看，由于跨国并购项目的涉及金额明显高于绿地投资，有助于实现企业优势互补，同时具有建设周期短、灵活性强、风险分散的多种优势，因此近年来跨国公司在跨境直接投资中的地位不断提高，跨国并购已逐渐成为国际直接投资，尤其是服务业外商投资的最主要方式。据联合国贸易和发展会议统计，全球跨国投资额中并购投资的比例已超过80%。

虽然近年来我国利用外资方式渐趋多样（见表3－4），外资并购的项目和并购金额在不断增加，但总规模仍较为有限，仅占5%左右，每年的并购额在20亿美元以上的大宗并购案较少，外资并购还没有成为我国利用外资的主要方式。当前，我国利用外资的方式仍以外商独资为主，占实际利用外资额的比重始终在70%以上。造成这种局限性的因素众多，包括我国产业投资限制较多，投资环境不够完善，相关法律法规和政策还不够健全，缺乏相应的产权交易市场等。另外，跨境并购需要面临比较陌生的法律体系、金融体系、产权制度乃至文化差异等，对国际化人才的要求较高。对此，在我国淘汰落后产能，加快产业兼并重组的背景下，更应当通过积极探索跨国并购模式，鼓励外资以参股、并购等方式参与企业改组改造和兼并重组，充分发挥外资并购在整合产业链中的示范带动作用，提升我国产业发展水平，优化配置企业的存量资源。

表3－4 2010年和2015年我国利用外资的主要方式（亿美元，%）

方式	2010年		2015年	
	金额	比重	金额	比重
总计	1147.34	100	1355.76	100
中外合资企业	224.98	19.61	258.85	19.09
中外合作企业	16.16	1.41	18.45	1.36
外资企业	809.75	70.58	952.85	70.28
外商投资股份制	6.46	0.56	32.51	2.40
其他	89.99	7.84	93.10	6.87

数据来源：商务部外资统计。

二、全球化新趋势下我国外债管理的发展方向

改革开放以来，我国转变外债管理思路，重视利用国际国内两个市场、两种资源，充分发挥外债在经济建设中的作用，逐步建立起一套适应我国市场经济需要的外债管理体系，对丰富市场融资方式、降低融资成本、加强和改善宏观调控、增进国家金融实力和金融安全，服务实体经济、促进经济发展发挥了重要作用。近年来，随着全球化发展呈现出新的趋势，我国外债利用和管理的环境也发生了重大转变。内部方面，随着我国金融体系不断深化发展，金融开放水平不断提升，外债的管制程度不断放松；外部方面，在近期美联储启动加息进程，境内外利差缩小，人民币汇率波动风险依然存在的宏观背景下，在控制风险的前提下适当扩大外债规模是我国跨境资金宏观调控实现“扩流入”目标的重要方式。考虑到未来我国金融机构和企业的外债规模将不断扩大，波动性

也将有所增强，有必要探索完善全口径的外债管理体系，进一步提升我国外债的利用效率。

（一）我国外债市场的发展现状

2001年至2014年期间，我国外债规模快速提升，全口径外债余额由2001年的2030亿美元大幅提高至2014年的1.8万亿美元，增长了近8倍（见图3-3）。2014年前，人民币升值预期较强、境内外利差较大，因此国内企业海外借款增加，外债尤其是短期外债快速增长，我国外债余额呈逐年递增趋势。2014年后，受美元升值和加息预期的影响，人民币汇率由单边升值转为双向波动，银行与企业出于自身风险管控的需要，采取了“资产外币化、负债本币化”的财务运作，境内企业加快去杠杆，以及前期流入的套利资金撤退或流入减少，共同导致2014年末以来我国外债规模出现一定程度下降。

截至2016年末，中国全口径外债余额为14207亿美元（不包括香港特区、澳门特区和台湾地区对外负债，下同）（见图3-3）。据计算，2016年中国外债负债率（外债余额与当年国内生产总值之比）为12.7%，债务率（外债余额与当年国际收支统计口径的货物与服务贸易出口收入之比）为64.6%，偿债率（中长期外债还本付息与短期外债付息额之和与当年国际收支统计口径的货物与服务贸易出口收入之比）为6.1%，短期外债与外汇储备的比例为28.9%，均在国际公认的安全线以内。（负债率、债务率、偿债率、短期外债与外汇储备的比例等外债风险指标的国际公认安全线分别为20%、100%、20%和100%。）

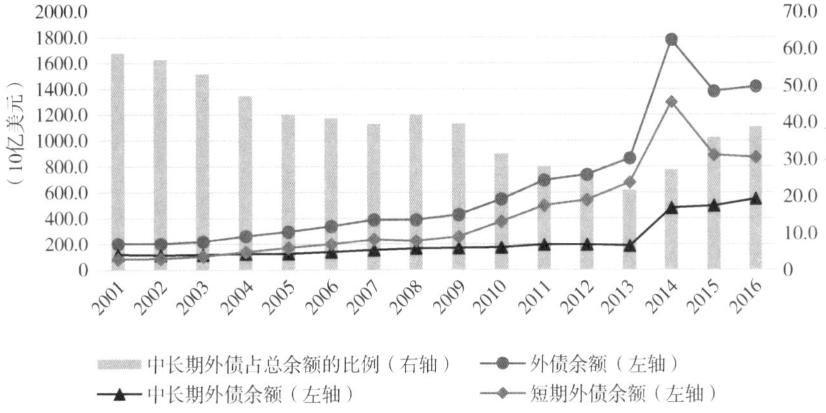

图3-3　2001—2016年我国外债余额水平及构成

数据来源：国家外汇管理局网站。

注：2015年，中国按照国际货币基金组织的数据公布特殊标准（SDDS）调整了外债统计口径并对外公布全口径外债数据，将人民币外债纳入统计，并按签约期限划分中长期和短期外债。由于全口径外债较原来的外币外债增加了人民币外债，因此，2015年的外债负债率、债务率、偿债率、短期外债与外汇储备的比例等外债风险指标较2013年（原有口径）有一定上升。但与2014年（为保证数据可比性，2014年外债调整为按全口径计算）相比，上述外债风险指标有所下降。

总体而言，当前我国外债波动处于合理区间，外债的绝对水平相对于经济总量而言仍较低，而从长期来看，我国外债的波动将有所扩大。通过实施全口径跨境融资宏观审慎管理，我国已建立宏观审慎规则下基于微观主体资本或净资产的跨境融资约束机制，企业和金融机构均可按照规定自主开展本外币跨境融资。在当前境内信贷环境持续宽松，融资成本大幅降低，人民币汇率呈现更多双向波动且市场预期分化的情况下，境内企业的外债规模在短期内并不会发生跳跃式增长。从长期看，全口径跨境融资宏观审慎管理将有利于企业综合利用境内外资本市场，考虑到美联储缩表和加息政策预期，在境内外利差或汇差条件发生改变时，我国企业跨境融资规模将有望实现反弹，因此，外债规模的扩大和波动性提高将有可能成为我国未来外债管理的新常态。

（二）当前我国外债管理模式的主要特点

一是采取多部门联合监管的管理模式。从20世纪80年代起，我国就确立了在国务院领导下的，跨部门合作监管的外债管理模式。我国的外债管理体系既包括对主权外债的管理，也包括对私人部门外债的管理；既包括对一年以上长期外债的管理，也包括对一年以下短期外债的管理；既包括对外币负债的管理，也包括人民币本币负债的管理。在管理架构上以分散化联合监管模式为主导，采取的是由国家发展改革委、财政部、中国人民银行和国家外汇管理局对外债资金实行联合监管的模式。具体管理框架：国家发展改革委会同有关部门制定国家借用外债计划，合理确定全口径外债的总量和结构调控目标，同时负责境内中资企业等机构举借中长期国际商业贷款的登记备案；财政部负责主权外债借入、转贷和偿还；中国人民银行根据宏观经济热度、国际收支状况和宏观金融调控需要对跨境融资杠杆率、风险转换因子、宏观审慎调节参数等进行调整，并对27家银行类金融机构跨境融资进行宏观审慎管理；国家外汇管理局对企业和除27家银行类金融机构以外的其他金融机构跨境融资进行管理，并对企业和金融机构进行全口径跨境融资统计监测。

从国际经验看，外债管理的主要模式包括在财政部内设立相关职能部门（如美国、德国、日本、墨西哥等），在中央银行内设立相关职能部门（如英国、丹麦等），以及在政府或国会下设立独立机构（如奥地利、瑞典等），而我国之所以采取独特的联合监管模式有一定现实必然性。目前我国资本项目尚未实现完全可兑换，并且国内资本市场尚不健全，考虑到外债对其他金融部门的风险传导，监管部门对金融机构和企业部门开展外债交易活动尚存在一定限制措施，当前我国的外债管理不仅包括财政部门负责的政府公共债务管理，也包括其他部门负责的非公共债务，涉及不同所有制类型的企业和金融机构。而西方国家已基本实现资本项目自由兑换，外债管理已涵盖在公共债务管理的范畴中，对企业债务基本不做限制，仅出于防范金融风险目的，保留少部分对金融机构的审慎性监管措施。与这些国家相比，我国外债管理权限分散在不同部门，一方面有助于避免监管权力的过度集中，另一方面也客观上增加了企业的合规成本，容易导致不同部门的职能重叠和政策冲突，因此对跨部门协作提出了更高的要求。

二是采取循序渐进的开放路径。外债作为跨境资本流动的重要组成部分，影响因素众多。从融资主体看，既要区分居民和非居民，也要区分机构和个人。从资金流动看，既包括低成本资金选择，还包括避险需求甚至套利需求。20 世纪先后爆发的拉美债务危机、亚洲金融危机经验表明，跨境证券投资与实体经济需求有一定联系，但在实际交易中往往难以区分投资性需求和投机性需求，具有波动性强、风险性高的特点，有可能在短期内对经济和市场造成严重的冲击。

与有管理的资本项目可兑换改革相一致，我国外债管理采取的也是渐进的改革模式，尽管外债属于较早实现开放的资本项目，但是监管部门始终将防范外债风险放在重要位置，审慎、稳妥地开放债务性资本流动。总体而言，相对于直接投资的便利化程度，相关监管部门对外债的管理措施更加严格，基本方向是在短期内保留现有的合格境外机构投资者（QFII）和合格境内机构投资者（QDII）的框架，允许符合资格的个人、企业和金融机构从事跨境证券投资，并逐步取消行政审批的管制措施，更多地使用市场化的审慎管理手段，强化全口外债信息的备案登记制度。

三是外债监管的法律体系逐渐完善。我国在 1987—2005 年期间先后发布了《中华人民共和国外债统计监测暂行规定》《外债管理暂行办法》《关于完善外债管理有关问题的通知》等外债管理法规，逐步明确了外债的定义、外债登记制度、外债统计口径、外债统计监测等方面的内容，初步形成了我国的外债管理法律体系。2013 年以来，随着我国经济的发展，跨境交易规模不断增长，资本项下交易类型层出不穷，市场需求日新月异，为了维护国际收支平衡，适应资本项目可兑换进程发展的需要，深化外债管理体制改革，我国监管部门适时出台了一系列外债政策改革措施，相关政策具体包括：

国家外汇管理局于 2013 年 5 月 13 日正式实施《外债登记管理办法》和《外债登记管理操作指引》，简化了外债的行政审批程序，强化了外债统计监测；国家发展改革委在 2015 年 9 月发布《关于推进企业发行外债备案登记制管理改革的通知》，将境内企业境外发行中长期债由原先的审批制改为事前备案制，并取消了中长期外债发行额度限制；中国人民银行在 2016 年 5 月发布了《关于在全国范围内实施全口径跨境融资宏观审慎管理的通知》，建立宏观审慎规则下基于微观主体资本或净资产的跨境融资约束机制，允许境内企业和金融机构按规定自主开展本外币跨境融资。这些外债管理办法的出台和实施，进一步完善了我国外债监管的法律体系，更加清晰地明确了各监管部门的各自职能，并且大幅简化了外债管理的行政审批程序，为我国境内机构更加便利地开展外债交易提供了重要的制度基础。

随着我国进一步加快金融双向开放步伐，境内外资本市场将不断深入融合，在开放的同时更应当重视防范金融风险，使金融监管能力与开放的程度相匹配。本书附件《资本项目可兑换后的跨境资本审慎监管：OECD 成员的经验》综合对比了 OECD 成员在推进资本项目可兑换改革后所采取的跨境资本流动审慎监管政策，为未来我国外债管理改革方向提供了参考。

（三）目前我国外债管理中存在的主要问题

一是短期外债占比过高，中长期外债的规模偏低。美国次贷危机爆发以来，我国加快了经济结构调整步伐，经常项目顺差呈现下降趋势，提高了维护国际收支平衡的力度，但中长期外债余额与短期外债余额仍呈现出此消彼长的态势。近年来，我国短期外债余额持续增加，并于2004年开始在外债总额中的占比超过中长期外债。截至2016年，我国外债期限结构上，中长期外债余额占39%，短期外债余额占比高达61%，是国际警戒线标准25%的2.44倍。

短期外债占比过高对维护我国经济金融稳定具有许多不利影响。其一是短期外债的迅速扩张推动了我国基础货币投放，加大了通货膨胀和对冲外汇占款压力，加剧了我国平衡国际收支和管理外汇储备的难度。其二是短期外债具有流动性强、逐利性强及期限短等特点，且种类繁多、形式复杂，监管难度较大，在资本项目逐步开放的情况下，容易成为国际投机资本进出我国的便利渠道，投机资本通过短期外债渠道进行的大规模流动，会对我国资本市场进行冲击，造成金融市场的不稳定，甚至会危及经济、金融安全。其三是中长期外债占比过低，也不利于我国企业充分利用国际金融危机后发达经济体的低利率市场环境。在当前全球低利率环境下，境外债券市场融资能力较弱，在很大程度上提升了境内主体的融资成本。

降低跨境融资对短期外债的依赖，提高中长期外债占比的主要途径是鼓励企业开展境外发债。2014以来，在美元债发行的成本优势提高、境外投资需求加速和外债发行流程简化等多种因素推动下，我国境外债券发行规模有所扩大，但当前规模仍较为有限。根据国际清算银行（BIS）的统计数据，按照发行企业的国民（Nationality Issuers）原则分类，2017年第一季度，中资机构主体境外发债规模为1105亿美元。同期，全球境外发债规模达21.3万亿美元，我国境外发债规模占比0.5%，该比重明显不符合我国在全球中的经济地位。从境内外发债平衡的角度看，截至2016年第四季度末，我国境内主体的境内外发债余额达9.4万亿美元，其中，境外发债规模余额为6388亿美元，在境内外发债余额的占比仅为6.8%（见表3-5）。

表3-5 中资机构境外债券发行额和余额（亿美元）

时间	中资机构境外债券发行额			中资机构境外债券余额		
	总额	金融机构	非金融机构	总额	金融机构	非金融机构
2017年第一季度	1105	903	202	6896	3454	3293
2016年第四季度	910	690	180	6388	3059	3181
2016年第三季度	859	628	210	6055	2833	3089
2016年第二季度	959	712	242	5654	2596	2930
2016年第一季度	442	357	85	5280	2300	2853
2015年第四季度	734	605	118	5296	2373	2797
2015年第三季度	474	343	130	4961	2082	2754
2015年第二季度	765	460	304	4908	2102	2676
2015年第一季度	657	501	157	4538	1996	2387
2014年第四季度	854	552	283	4362	1929	2278

数据说明：数据来自BIS International Debt Securities Statistics数据库；境外债券按照发行机构母公司的国民原则（Nationality Issuers）分类，因此包括通过境外全资子公司（SPV）等境外主体间接发债方式下的境外债券。

二是境外发债主体相对单一，非金融企业和政府的发债规模相对不足。根据 BIS 的统计，按照发债主体居民（Resident Issuers）原则分类，截至 2016 年第四季度末，我国中央政府和境内非金融企业的境外债券余额分别为 148 亿美元和 226 亿美元，分别占同期境外债券总余额（1321 亿美元）的 11.2% 和 17.1%，明显低于同期中央政府和非金融企业在境外发债规模占比（分别为 35.4% 和 27.4%）。此外，与国际同业相比，“走出去”的中资企业的资金来源中，债券发行数量也较少。在我国企业“走出去”成为大趋势的背景下，同时考虑到“走出去”企业的资质和信誉普遍较好，在国内拥有丰富的债券发行经验，如果能够借助境外债券市场筹集资金，不仅将有利于丰富“走出去”企业的资金筹集渠道，填补资金缺口，更好地满足企业境外投资的资金需求，并且能有效缓解对外投资对我国外汇储备构成的压力。

资金融通是我国“一带一路”建设的重要支撑，“一带一路”倡议实施需要大量长期低成本资金作为保障，然而沿线国家的金融市场发展程度较低，当地金融体系无法满足“走出去”企业的资金需求，而中资金融机构也难以完全覆盖，从这个角度来看，非金融企业和政府部门是“一带一路”政策推进和落实的中坚力量，应是境外债券市场资金支持的重点。提升中长期外债规模是拓宽境内主体支持“一带一路”融资来源的重要渠道，是填补“一带一路”资金缺口的较好方式。通过境外发债助推企业“走出去”，有利于为“一带一路”拓宽资金来源，支持基础设施互联互通，拓宽企业融资渠道，创新融资方式，更好地参与“一带一路”建设和国际产能装备合作。

三是外债发债币种集中于美元和港币，本币外债占比较低。从全口径外债余额的币种结构看，根据国家外汇管理局的统计，截至 2016 年末，我国本币外债余额为 4877 亿美元，占 34%；外币外债余额（含 SDR 分配额）为 9330 亿美元，占 66%。在外币登记外债余额中，美元债务占 82%，欧元债务占 7%，日元债务占 3%，SDR 和港币等其他外币债务合计占比 8%。与全口径外债的币种结构相对应地，我国境内主体境外发债的币种也主要以外币为主，发行规模方面，根据 BIS 的统计，截至 2016 年第四季度末，中国境内主体境外发债中以人民币计价的债券余额为 278 亿美元，占比为 21%，以美元计价债券余额为 916 亿美元，占比为 69%，其他货币计价债券所占比重则不足 10%。发行数量方面，根据彭博公司的统计，截至 2016 年 11 月底，中国境内主体境外发债中以人民币计价的债券共 519 只，占比为 18.2%；以美元和港币计价债券共 1393 只，占比为 48.7%；以港币计价债券共 721 只，占比为 25.2%；而以欧元计价债券 127 只，占比仅为 4.4%。

我国外债发行币种主要以外币计价，尤其是集中于美元计价，具有很多不利影响，既恶化了资产负债的币种错配程度，扩大了汇率波动引发的损失，提高了外债的偿还风险，也不利于扩大境外人民币的使用范围，进一步推进人民币国际化战略。未来随着我国经济金融的快速发展，以及对外开放程度的不断提高，尤其是“一带一路”倡议逐步落实等，以非居民持有人民币资产形式表现出来的人民币外债需求仍然会继续增长，在此背景下应更加鼓励我国企业在境外市场发行人民币计价债券，不断提高人民币计价外债在我国中长期外债中的所占比重。

四是外债的产业引导作用有待进一步提高。服务实体经济是我国外债管理的最终目标，我国在外债管理中始终强调发挥外债服务实体经济的作用。从外债服务实体经济的管理目标来看，我国外债管理的政策取向与许多国家的主动负债，用于弥补财政赤字后扩大投资的情况有根本的不同。2003 年发布的《外债管理暂行办法》明确规定：中长期国际商业贷款主要用于引进先进技术和设备，不得挪作他用；短期外债主要用于流动资金，不得用于固定资产投资等中长期用途。因此，我国外债管理的核心应始终围绕合理地使用外债，提高外债的使用效益。这就要求外债管理中，应合理安排借入资金的使用方向和结构，更多地引导外债用于薄弱产业的建设，发展产业带动效果强的项目，充分发挥国家外债资金的作用，提高外债的使用效益。

当前，在全口径跨境融资宏观审慎管理体系下，中国人民银行通过调节相关系数和因子来直接调控市场主体的跨境融资规模。这种调控模式能够有效地控制融资规模、调节融资结构，相对于传统的外债指标式管理方式而言，具有明显的市场化自发调节优势和逆周期防范系统性风险作用。但是由于跨境融资主体的细分类型众多，在所处行业、所在区域、资金使用目的等诸多方面差异较大，目前阶段难以满足更加精细化的外债融资需求，尤其是在引导不同产业的企业融资方面效果尚有不足。尽管近期以来，外债管理方法中一定程度上加强了对特殊行业企业的风险管理，例如地方政府融资平台企业及房地产企业不纳入宏观审慎管理试点范围，对房地产企业境外中长期发债登记备案审核较为严格等，反映出监管部门对特殊行业企业外债的风险考量，但是尚未引入全面涵盖不同产业境外发债风险防控的管理指标，导致跨境融资管理体系对产业的引导作用还不够明显。

三、提升我国外商投资与外债利用水平的政策建议

中国利用外资正处于优势转换和结构调整的关键时期，随着要素成本上升，有一些制造业外资企业向外转移。对此，既要客观看待这一经济发展规律，也要积极应对，完善我们的制度环境，为外资企业创造更大发展空间。为了深入实施新一轮高水平对外开放，提升我国外资利用水平和利用质量，更好地发挥利用外资在我国经济发展、产业转型、改革创新中的积极作用，必须进一步完善外商投资管理体制，提高政策透明度，营造优良营商环境，完善法制化、国际化、便利化的营商环境，加快培育国际合作竞争新优势。

（一）完善外商投资管理体系，放宽外商投资市场准入

一是在投资体制方面，要加快市场开放的制度性建设。统一内、外资法律法规，加快推进《外国投资法》立法进程，保持外资政策稳定、透明、可预期。进一步深化外资领域“放管服”改革，完善备案管理制度，加强事中事后监管，建立健全监督检查制度。二是把握好对外开放的顺序和节奏，注重对内对外开放的结合，进一步

放宽外商投资市场准入，推动各领域开放。进一步减少行政审批和下放审批权限，继续修改放宽外商投资产业指导目录，进一步压缩限制类和有股比要求的条目，全面放开一般制造业的市场准入，降低中高端制造业的投资准入以及放宽部分服务业领域准入限制，推进金融、文化等部分服务业领域有序开放。创造条件加快修订并公布统一的负面清单，允许外资在大部分领域自由登记开办企业。三是深化自由贸易区与服务业扩大开放综合试点的改革，采取积极有效的措施推进金融、教育、文化、医疗等服务业领域有序开放，放开育幼养老、建筑设计、会计审计、商贸物流和电子商务等服务业领域外资准入限制，进一步简化审批手续，提高服务质量。进一步缩减自由贸易试验区负面清单，对外商投资者投资意愿强烈、风险可控的领域加大开放力度，为进一步探索实施准入前国民待遇加负面清单管理模式积累有益经验。对风险较大的行业可采取分阶段、分步骤的开放措施，将开放的力度与开放后的事中事后监管能力及风险防控能力统筹结合。

（二）营造优良营商环境，创新招商引资政策

一是营造公平法制的营商环境。完善法律法规，出台《外商投资法》，规范市场竞争行为，抑制垄断性行业的发展，为各类所有制企业发展营造公平、公正的市场竞争环境。加快政府职能转变，推进投资审批便利化，在外商落户、办理手续、人才引进等方面提高服务水平，加强知识产权保护力度。二是大力改善外商投资环境，保持外资政策的连续性和稳定性，依法维护外商投资企业合法权益。创新服务理念，定期召开跨国公司座谈会，建立并用好重点外商投资企业联系机制，主动了解企业关注的问题，主动听取意见和建议，主动引导企业坚定投资信心，促进外商投资企业在华深耕发展。加强开放载体平台建设，以优化市场营商环境为重点，以国家级经济技术开发区考核评价工作为抓手，加强分类指导，复制推广自由贸易试验区成功经验。允许地方政府在法定权限范围内制定出台的招商引资优惠政策，重点支持制造业项目。三是在融资体制方面，加快金融体制改革，在存款保险制度建立后，应进一步规范和放宽对民间金融机构资质的审批，形成统一管理、竞争有序的金融体系，充分发挥金融对企业技术创新、服务升级的支持作用。

（三）完善利用外资政策，优化外资引入质量

在努力保持我国利用外商直接投资“量”稳定前提下，积极推动利用外资向“质”的战略转变。一是将利用外商直接投资与我国经济新常态下的产业结构转型升级紧密结合，对不同产业实施差异化优惠政策，积极推动外商投资企业向产品的价值链上游转移。支持外资投向高端制造业、高新技术产业、现代服务业、新能源和节能环保产业，对进入上述行业的外商直接投资放宽投资准入条件和加大优惠力度。二是将外商直接投资与我国区域均衡协调发展相结合，因地制宜，对不同地区实施差异化优惠政策，积极引导外资投向中西部地区。对东部地区，要利用好当地的人才优势、市场环境优势、产业配套优势，促进外资投向现代服务业和高端制造业等行业，加大对外资投向战略性新

兴产业的政策支持力度，加快高水平外商直接投资在东部地区的产业聚集。对中西部地区，应调整优化鼓励重点和方向，充分发挥中西部地区资源、劳动力等优势，加强与东部省份的战略合作，积极利用好中西部工业园区与经济开发区，加大对中西部地区制造业利用外资的政策优惠力度。扩大中西部地区鼓励外商投资产业范围，研究对中西部地区、东北等老工业基地实行差异化、精确化的鼓励政策。三是大力鼓励外资以参股、并购等方式参与企业改组改造和兼并重组，优化配置存量企业资源，积极探索跨国并购模式，开放重点产业和机械制造业外商参与兼并收购的政策。支持外商实施利润再投资和资本扩张计划，以资本公积、未分配利润、境内公司股权、已登记外债、储备基金等方式转增注册资本，完善外资并购的政策法律环境，加大产业开放力度，通过外资并购整合产业链，提升产业发展水平。

（四）完善全口径外债管理体系，提升跨境融资的便利化

将利用外资与防范风险相结合，进一步提升跨境融资的便利化水平，更好地服务企业、服务实体经济。一是从监管职能匹配协调角度出发，进一步明确加强跨境融资监管部门的权责，加强部门间的政策协调，为深化全口径跨境融资宏观审慎管理提供制度保障。二是在外币外债的审慎监管应逐步由余额管理和审批制转变为备案登记制度的基础上，可基于风险识别的外债动态调节机制，进一步加强融资主体的精细化分类监管。全口径跨境融资政策可针对企业、银行和非银行金融机构三类主体实施融资差别化管理。建议加大对各类融资主体特点的调研，在充分考虑行业、区域、规模等差异情况基础上，制定更加精细化的分类管理措施，具体包括：为进一步推动外债资金用于支持跨境贸易和对外投资等用途，提高外债资金的使用效率，缓解“走出去”对我国外汇储备的压力，建议将对外投资和跨境融资挂钩，要求企业对外直接投资需要使用一定比例的外债或外汇贷款；此外，为进一步促进外债对化解过剩产能和产业结构的转型升级的促进作用，可参考《外商投资产业指导目录》的规定，对禁止和限制类的行业企业实施差异化的外债备案登记要求。

（五）加强外债数据统计监测，提高风险预警和应对能力

一是加强全口径外债和跨境融资统计监测。宏观方面，监管部门应在本外币全口径外债统计监测基础上，进一步建立、健全“隐性外债”监测预警机制，从数量规模上对“隐性外债”加以控制，防止贸易项下“隐性外债”在一定条件下可能转化为现实外债的潜在风险，并加强对外债数据的事中事后监测分析。微观方面，综合评判经营主体各项经济行为，重点关注企业的资金流动和资产负债情况以及偿债能力等指标，对重点可疑企业实行定向跟踪监测。二是建立健全预警机制，构建宏观审慎管理的工具箱，完善宏观审慎框架下的外债和跨境资本流动管理体系，不断丰富应对国际资本流动风险冲击的政策储备和应急预案，抑制境内外套利行为，切实防范跨境资本流动风险，在跨境融资宏观风险指标触及预警值时，及时采取有针对性的逆周期调控措施，避免内外债风险之间的相互转化造成系统性金融风险。三是进一步拓展金融

市场的广度和深度，完善金融市场结构层次，推进市场参与者的多样化，完备各类风险对冲工具，根据市场规模和健康程度，逐步提高金融市场的开放规模和程度，推动金融市场的健康发展和人民币币值的相对稳定，为完善全口径跨境融资宏观审慎管理提供良好的外部环境。

（执笔：盛雯雯）

第四章　全球化发展新趋势下
开展互利共赢国际产能合作的策略研究

内容提要： 2008年国际金融危机后，全球化内涵已出现新趋势新变化，国际贸易持续低增长、全球对外直接投资规模趋于低迷，发达国家跨国公司参与国际产业转移动力趋弱，而新兴市场国家和发展中国家承接国际产业转移和直接投资需求动力却很强劲，我国部分传统优势产能过剩，我国开展国际产能合作面临新机遇和发展空间。国际产能合作是促进互利共享发展的重要方式，是构建开放型经济新体制，实现国家利益最大化的重要形式，也为我国推动全球化提供了机遇。推进国际产能合作，应遵循由近及远，沿着“一带一路”两条轴线开展，逐步形成“一轴两翼三片区”的空间布局及“一轴驱动、两翼联动、片区拉动”的动力模式；牢固树立和深入贯彻新发展理念，结合“一带一路”倡议，在坚持互利共赢、义利并举、开放包容的同时，更加注重政府推动、企业主导、商业原则和风险可控，探索构建风险共担、收益共享机制，以共建产业园区作为国际产能合作的重要载体、以构建价值链网络作为国际产能合作的主要支撑、强化与国内产业转型升级的协同推进以激发国际产能合作的内生动力；全力打造高水平的金融服务支持体系，通过拓宽资金来源和使用渠道，加大对国际产能合作的资金支持力度，破解企业融资瓶颈，为提升我国全产业链条的国际竞争力提供重要支撑；加快构建从风险防范到争端解决支撑服务的全链条风险防控机制，为企业“走出去”保驾护航。

一、国际产能合作的内涵和特征

国际产能合作和跨国投资、跨国并购、国际经济合作、产业转移等概念既有交叉又不完全一致，是具有中国特色的新概念。根据《国务院关于推进国际产能和装备制造合作的指导意见》（国发〔2015〕30号），国际产能和装备制造合作涉及钢铁、有色、建材、铁路、电力、化工、轻纺、汽车、通信、工程机械、航空航天、船舶和海洋工程装备十二大重点领域。同时，各领域的合作重心、合作方式等又有所差异，但总体涵盖了贸易、投资、工程承包等传统国际经济合作的多个领域，任何已有单一传统经济概念均不能全部覆盖。立足国发〔2015〕30号文件，把握国际产能合作的三个关键词“国际”、“产能”和“合作”，可将国际产能合作界定为我国和其他经济体在境外直接或间接有助于形成新的生产能力而开展的合作模式，是贸易与资本全球化的桥梁纽带。这种合作模式既可以直接投资的形式出现，如建立各种生产基地，也可以“建设—经营—转让”（BOT）等形式出现，还可以建立研发中心等形式出现。

从国际产能合作近两年的实践来看，作为我国参与“一带一路”建设的重要抓手和平台，我国推进的国际产能合作秉持共商、共建、共享的原则，是我国对外经济合作的重要途径，是升级版中国“走出去”的战略要求，是当前经济全球化和区域经济一体化深入发展、大国和平崛起的客观规律和历史必然，也是当今世界经济发展的一大重要产物，具有鲜明的时代特征和浓厚的中国特色。

一是从合作内容来看，我国开展的国际产能合作，既不是推动国内传统技术含量低、附加值低的劳动密集型产业对外转移，也不是推动国内高能耗、高污染、高排放的资源密集型产业对外转移，而是推动国内富余优势产能和先进装备等具有一定技术优势、资本优势的产能输出。这种合作理念和实践与发达国家推行的国际产业转移具有明显区别。

二是从合作模式来看，我国推进的国际产能合作既注重与相关国家发展战略对接和产业衔接，也注重将“输血”和“造血”紧密结合。我国开展的国际产能合作，倡导共商、共建、共享原则，尊重和照顾各方利益诉求，并通过签署双边国际产能合作协议共同加以推进。不仅注重通过转移产业“输血”，也注重发展有竞争力的产业群帮助东道国培育形成“造血”功能，为所处国家产业结构升级提供助力。

三是从合作对象来看，我国开展的国际产能合作面向全球各主要区域、聚焦于重点国家、重点产业和重点企业，既注重加强与新兴经济体和广大发展中国家开展务实合作，也注重加强与发达经济体的全方位高水平合作。一方面，考虑到我国已步入中上等收入国家及在基础设施建设、制造业体系方面的优势，积极推动与新兴经济体和发展中国家开展产能务实合作，利于有效发挥自身承上启下、协同带动、优势互补的作用；另一方面，考虑到发达国家在科技创新等方面的优势，以绿地投资、并购等形式同发达经济体进行全方位高水平的双边重点产能合作，利于着力培育和提升我国产业合作竞争新优势。同时，还可与发达经济体联合围绕能源化工、基础设施、工程机械、船舶和海洋工程装备等重点领域开展第三方合作，共同开发第三方市场。

二、国际产能合作的时代背景和重要意义

（一）时代背景

2008 年国际金融危机后，和平与发展仍是时代主题，世界多极化、经济全球化、文化多元化、社会信息化深入发展，但全球化内涵已出现新趋势新变化。国际贸易持续低增长，全球对外直接投资规模趋于低迷，发达国家跨国公司参与国际产业转移动力趋弱，而新兴市场国家和发展中国家承接国际产业转移和直接投资需求动力却很强劲，我国部分传统优势产能过剩，这为我国开展国际产能合作提供了新机遇和发展空间。

1. 全球直接投资整体放缓和发达国家国际产业转移动力趋弱

2008 年国际金融危机后，全球经济增速趋缓，从 2001—2007 年的年均 3.41% 下降到 2008—2016 年的年均 2.29%，下降幅度达到 1 个多百分点。再加之地缘政治冲突和局部地区持续动荡，跨国公司投资信心大幅下降，全球跨境直接投资增速明显回落，2016 年全球外国直接投资下降 13%，其中发达国家对外直接投资下降 11%（见图 4－1）。再加上美国等发达国家推行“再工业化战略”引导制造业回流及跨国公司本身需要进行资产负债表修复，发达国家大型跨国公司在全球部署产业链的趋向明显转弱。

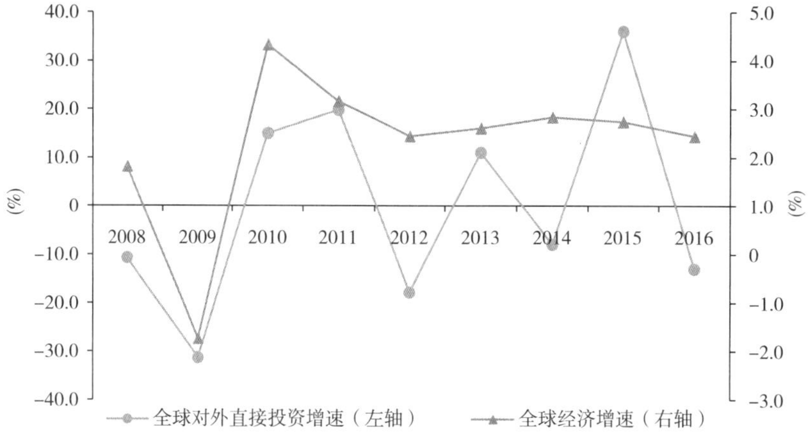

图 4－1　2008—2016 年全球对外直接投资增速及全球经济增速

数据来源：世界银行数据库、《全球投资趋势监测报告》。

2. 新兴经济体群体性崛起改变全球经济格局

以金砖国家为代表的新兴经济体群体性崛起，[①] 在传统的“发达国家”和“发展中国家”二元结构中开辟出第三极力量，世界经济格局形成以美日欧等发达经济体、中俄印巴南非等新兴经济体及亚非拉欠发达国家“三个梯队”并存格局。随着我国经济迈入中上等收入国家行列，资本不断充裕、人力资本素质不断提高、工业体系趋于完善、制造能力不断强大，在相关领域与其他发展中国家及发达国家产业的竞争性与互补性并存，使得我国拥有面向新兴经济体和发展中国家以及发达经济体开放并存的新的战略机遇空间。

3. 新兴经济体和广大发展中国家承接国际产业转移和直接投资需求动力强劲且呈不断上升态势

2008 年国际金融危机后，印度尼西亚、越南等新兴市场和发展中经济体加快了向日本、韩国及中国借鉴发展经验的步伐，充分发挥其劳动力资源丰富、制造业基础良

① 目前，以金砖国家为代表的新兴经济体，尤其是金砖五国对世界经济增长的贡献率达到 50% 以上、GDP 总量在世界经济中的比重达到 23% 并呈上升趋势，占据世界领土面积的 26.46%、人口的 42.58%。

好、市场空间较大等比较优势，加快推进基础设施建设，积极推进工业化和城镇化进程，对资金、技术、管理和先进制造等形成了长期而巨大的需求。然而，受国内基础设施落后、营商环境不佳等因素影响，承接国际产业转移和直接投资需求动力强劲但吸引外资能力不强（见图4－2、图4－3）。

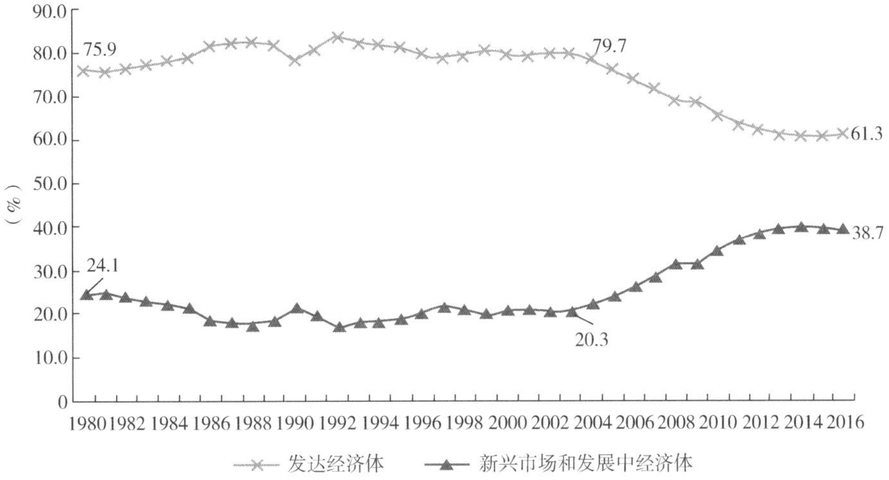

图4－2　发达经济体及新兴市场和发展中经济体GDP占全球比重

数据来源：IMF《全球经济展望》数据库。

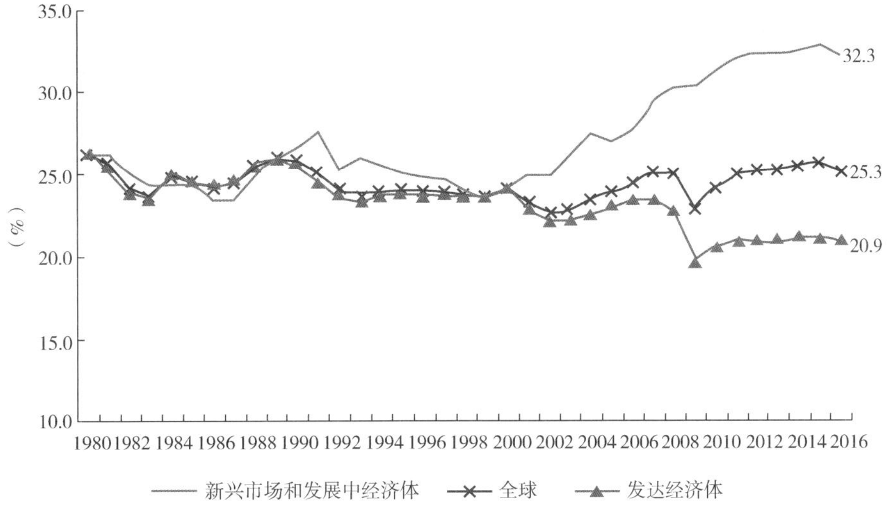

图4－3　主要经济体投资占GDP比重比较

数据来源：IMF《全球经济展望》数据库。

4. 我国开展国际产能合作的基础条件日趋成熟

随着我国经济不断成长，要素禀赋结构已出现显著转变，资本、技术相对劳动力、土地等生产要素的比较优势大幅上升，已逐渐具备技术和资本输出的基础条件。然而，伴随我国经济高速增长形成的钢铁、建材、有色等传统优势产业严重的结构性产能过剩，而新兴市场国家对资源类产品和装备制造业虽有巨大市场需求，但因资源行业在各国均属于支柱产业而有些国家对我国设置了贸易壁垒、投资壁垒，2008 年国际金融危机以来我国对外投资增速就出现了阶梯型下滑、跨国并购投资也面临了更多不确定性（见图 1 –7，图 1 –9），大力创新合作模式，积极对外输出富余优势产能成为必然选择。同时，我国大型企业国际竞争力显著提升，全球 500 强企业国际占比不断提高，在能源、信息技术、机械、化工、金融等多个行业领域形成了竞争优势，在全球范围内配置资源的能力和诉求不断上升（见图 4 –4）。

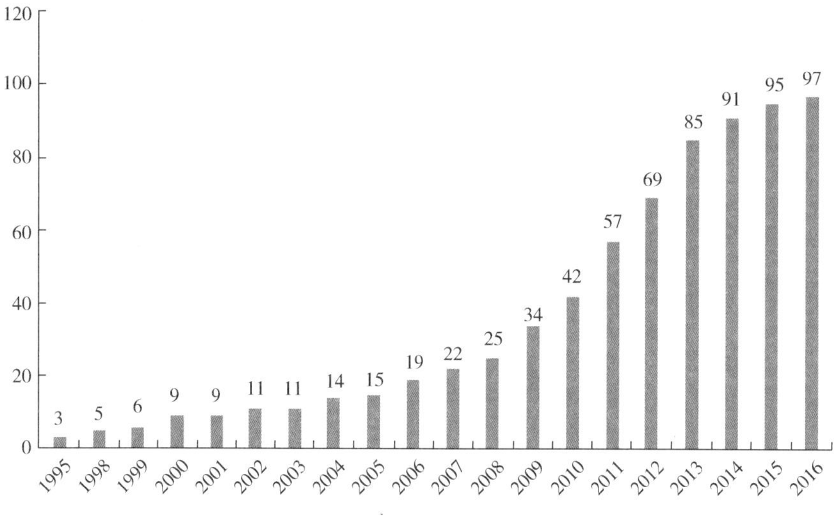

图 4 –4　中国内陆《财富》全球 500 强企业数量（家）

数据来源：根据网络材料整理。

（二）重大意义

国际产能合作是商品流动、资本流动、技术流动、人员流动、生产价值链布局等多种要素全球化的结合，是促进互利共享发展的重要方式，是构建开放型经济新体制实现国家利益最大化的重要形式，也为我国推动全球化提供了机遇。

1. 有利于统筹内外发展

开展国际产能合作，有利于我国以充裕资本、成熟技术和优势产能输出为载体，积极面向这些国家开展全方位合作，从而有利于提高我国对外开放水平，更加做好内外的协调、引进来和走出去的协调，更好地利用两个市场和两种资源，以更广阔的视野在全球范围内进行要素资源的配置、产业的布局，对于促进投资、贸易、国际收支均衡发展，实现国民经济综合平衡具有重要的意义。一方面，综合运用绿地投资、并购、工程建设、对外贸易等多种方式，积极开展国际产能和装备制造合作，能有效推动我国富余优势产能在全球范围内对外输出，有利于我国和其他地区之间不断深化经贸合作、推动要素有序流动、资源高效配置和市场深度融合，为我国实现结构性供需失衡向高水平供需平衡跃升创造有利的外部条件；另一方面，通过国际产能合作将富余优势产能对外转移，逐步建立起覆盖中亚、南亚、东南亚、北非、中东欧区域的跨国生产和贸易网络，并推动国家间产能输出和产业链梯次升级，将有利于提升我国在全球和区域价值链中的位势，奠定以我国在新型区域国际分工体系中的主导性地位。

2. 有利于实现联动发展和输出发展理念

"一带一路"倡议首次提出共商、共建、共享的原则，以加强政策沟通、设施联通、贸易畅通、资金融通、民心相通为重要内容和抓手，积极同沿线国家发展战略对接，不断扩大利益契合点和合作交汇点，从更大范围、更高水平、更深层次全面开展全球性区域合作。国际产能合作是实施"一带一路"倡议的重要平台，能够更好地发挥我国和相关国家各自比较优势，有效促进要素有序流动、资源高效配置、市场深度融合，不仅能够助力国内产业转型升级和迈向全球中高端，积极参与抢占新一轮产业竞争制高点，规避日益严重的贸易保护主义，寻找贸易、投资增长的突破口，而且也能让相关国家搭上我国经济发展的"便车"和"快车"，寻求发展的最大公约数，共同打造利益共同体、责任共同体乃至命运共同体，促进全球共享发展。

3. 有利于保障政治安全

"一带一路"倡议不仅在经济全球化遭遇诸多挑战、经济全球化进程出现减缓迹象的情况下开创了共商共建、合作共赢的经济全球化新模式，主张把合作共赢的理念体现到政治、经济、安全、文化等对外合作的方方面面，主张构建以合作共赢为核心的新型国际关系，而且探索了许多具有中国特色的国际合作模式，如共建经济走廊、创新开发性金融、搭建商业交易平台模式等。经济合作是政治合作及其他领域合作的基础，通过经济合作加强政治互信、通过政治互信加强经济合作，也有助于应对美国实施的亚太再平衡战略、复杂的南海局势，乃至中印、中俄等边界问题，如澜湄合作机制①。

4. 有利于促进我国结构调整和增长动能提升

在当前世界经济面临深度调整、发达国家经济增长放缓背景下，积极开展以我国为主导的国际产能合作，不仅能促进国内产业转型升级迈向全球中高端水平，也能促进相关国家经济增长和世界经济持续稳定复苏，并同时为我国经济增长注入新动力。一方面，通过推进国际产能合作，带动我国技术、标准、服务"走出去"，有助于提升海外投资水平并为国内产业升级调整腾出了空间；另一方面，在国际产能合作过程中，将我国可复制推广的经验带到有市场需求或者资源更加有效配置的地方，也能实现劳动力等资源在全球市场更好配置，并实现全球经济规模的扩大效应。

---

① 2016年3月23日，中国、泰国、柬埔寨、老挝、缅甸和越南的领导人在海南三亚举行了澜沧江－湄公河合作首次领导人会议，发表了《澜沧江－湄公河合作首次领导人会议三亚宣言》和《澜沧江－湄公河国家产能合作联合声明》，提出了澜湄合作的政治安全、经济和可持续发展、社会人文三大合作支柱，以及互联互通、产能、跨境经济、水资源和农业减贫合作五个优先领域。这将有利于推动本地区的政治互信和安全合作，一定程度上有助于南海问题的降温并为解决南海问题提供新机制。

三、国际产能合作的现实基础

（一）主要优势

1. 产业优势

我国已经建立起较为完整的国民经济产业体系，企业国际竞争力增强，相关行业的技术、管理和服务走出去优势比较明显，为开展国际产能合作奠定了坚实的基础。我国装备制造业形成了门类齐全、具有相当技术水准和成套水平的完整产业体系，在钢铁、有色、建材、铁路、电力、化工、轻纺、汽车、通信、工程机械、船舶等行业拥有富余产能，在钢铁、有色、建材、轻纺及高端装备制造等领域具有明显的技术、资本优势。据统计，目前，我国的钢铁、水泥、汽车等220多种工业品产量居世界首位，机床产量占世界的38%，造船完工量占41%，发电设备产量占60%，且均是有较强竞争力的优势产能。同时，较强国际竞争力的企业是开展大规模国际产能合作的基础，而我国在相关领域造就了一大批具有国际竞争力的跨国企业，将成为国际产能合作的重要支撑。

2. 战略优势

我国一直以来注重加强与相关国家发展战略对接，这直接体现在了“一带一路”倡议上。“一带一路”倡议与沿线国家和地区的发展战略高度契合，包括与俄罗斯的欧亚经济联盟、蒙古国的“草原之路”、哈萨克斯坦的“光明之路”等发展战略有机对接，并且先后有100多个国家、地区和国际组织参与其中。同时，我国与这些国家战略落实具有很强的互补性。国际金融危机之后，大多数发展中国家将推进工业化和城镇化建设放在了更加重要的位置，并在自然资源、劳动力资源等方面具有比较优势，而我国在技术、资本等方面具有相对比较优势，为更大范围、更宽领域、更深层次开展双多边国际产能合作奠定了现实基础。

3. 平台优势

为配合“一带一路”倡议和国际产能合作实施，我国已初步形成了多个合作机制平台。金融支持方面，我国倡导设立的亚投行、丝路基金和金砖国家新开发银行及各类双多边合作基金等的金融服务支持作用不断彰显，为国际产能合作提供了重要助力。截至目前，我国与塔吉克斯坦、哈萨克斯坦等“一带一路”沿线国家和地区签署了共建“一带一路”谅解备忘录，同20多个国家和地区签署国际产能合作协议，也搭建了“一带一路”国际合作高峰论坛等系列商讨国际产能合作的多边机制。

（二）主要劣势

1. 产业创新能力不足

企业创新能力不足、创新动力不强、创新投入过少，产业“大而不强”特征明显，对国际产能合作的基础支撑作用还有待进一步提高。据“2016年全球百强创新机构”榜单，中国大陆只有华为一家企业入选。我国产业仍然处于全球价值链的中低端环节，在一些技术研发和高端产品开发方面，70%的技术仍依赖于外源技术，重要零部件、基础元器件、关键新材料的80%仍依靠进口。

2. 合作模式不可持续

我国推进的国际产能合作以基础设施建设先行，而基础设施领域合作面临资金供应和盈利模式双重困境，可持续性受到严重挑战。一方面，我国以基础设施先行的国际产能合作方式，难以解决外部性问题，难以规避“搭便车”行为；另一方面，基础设施投资回报周期长、缺乏好的盈利模式，在很多国家限制外资和私人资本进入情况下，“融资难”问题很突出。

3. 合作机制存在障碍

我国国际产能合作还处于起步阶段，政府、非政府组织、企业对外组织协调能力还没有完全建立，海外投资风险控制机制还未健全。一方面，由于政府、非政府组织、相关企业的协调机制缺失，加之地方竞争思想根深蒂固，各地企业在境外各自为政、恶性竞争频发；另一方面，有关部门和地方政府对国际规则和国外投资环境缺乏足够了解，政策片面化、碎片化时有出现，政策合力还有很大提升空间。此外，非政府组织协调能力不足，许多企业走出去往往感到势单力薄，相关服务也供给不足。

四、开展互利共赢国际产能合作的策略

（一）优化国际产能合作的产业与空间布局

空间布局与产业布局是我国与各国开展国际产能合作的切入点，而不同国家在不同产业间的差异性、互补性与竞争性是开展国际产能合作的重要基础。

1. 各国在产业竞争力上具有互补性

不同国家在不同产业间的差异性、互补性与竞争性是开展国际产能合作的重要基础。过去我国比较优势和产业结构与其他发展中国家存在较强竞争性，但与发达经济体则呈现高度互补性，目前则竞争性和互补性并存。一方面，与其他新兴经济体和发展中国家相比，我国的劳动密集型产业与之仍存在较强的竞争，但充裕的资本、完整的工业体系、强大的制造能力和素质不断提高的人力资本又与大多数发展中国家形成明显互补。具体来看，“一带一路”沿线国家包括东亚、东南亚、西亚、中亚、南亚、独联体、中东和非洲的发展中国家，这些国家劳动力、资源能源和土地等生产要素具有相对比较优势，但普遍存在基础设施、制造业严重落后和产能严重不足。受基础设施建设水平差和政治局势不稳定等因素影响，对外资的吸引力不强，工业化、城镇化发展受到制约。我国具有全球竞争力的基础设施建设能力、较为完善的工业体系和装备制造能力，尤其是在船舶、新能源、通信设备、运输设备等领域具有相对比较优势。我国可以通过大力推动船舶、新能源、通信设备、运输设备等领域产能、装备、技术、服务、品牌走出去，充分发挥牵引作用，为开创国际产能合作新模式积累经验。另一方面，与发达国家相比，我国的要素禀赋和产业结构总体与之仍呈互补大于竞争态势，而在船舶、新能源、通信设备、运输设备等资本和技术密集型产业方面与之的竞争日趋明显（见表4－1、表4－2）。

表 4－1　2005—2014 年我国与“一带一路”国家的贸易竞争性指数

地区	2005	2006	2007	2008	2009	2010	2011	2012	2013	2014
北亚	0. 2317	0. 2213	0. 2278	0. 2029	0. 1995	0. 1742	0. 1619	0. 1876	0. 1879	—
南亚	0. 6104	0. 6122	0. 6055	0. 6192	0. 6567	0. 6018	0. 6195	0. 622	0. 5889	0. 6376
东南亚	0. 838	0. 8304	0. 8354	0. 7914	0. 8158	0. 7984	0. 7566	0. 7608	0. 7696	0. 8496
西亚	0. 2779	0. 2919	0. 2815	0. 257	0. 306	0. 425	0. 309	0. 2915	0. 2723	0. 3555
中亚	0. 1989	0. 2063	0. 2154	0. 1995	0. 1754	0. 1655	0. 1674	0. 1832	0. 1505	0. 1381
北欧	0. 654	0. 6298	0. 63	0. 6192	0. 6486	0. 4283	0. 4202	0. 3977	0. 4132	0. 3437
南欧	0. 891	0. 8832	0. 8853	0. 8856	0. 865	0. 8445	0. 8441	0. 8226	0. 8301	0. 8438
中欧	0. 8957	0. 8931	0. 8873	0. 8856	0. 8708	0. 8772	0. 8874	0. 8716	0. 872	0. 8708
西欧	0. 7824	0. 7798	0. 9185	0. 7458	0. 709	0. 7215	0. 7315	0. 7111	0. 6995	0. 7415
东欧	0. 6235	0. 6305	0. 6528	0. 6288	0. 6021	0. 405	0. 3553	0. 3289	0. 381	0. 3545
南太平洋	0. 3858	0. 3547	0. 3217	0. 3065	0. 7178	0. 3055	0. 3378	0. 3234	0. 3345	0. 3697
地中海（非洲）	0. 6156	0. 5829	0. 5676	0. 568	0. 6259	0. 2989	0. 2879	0. 2759	0. 3017	0. 1603

数据来源：桑百川、杨立卓：《拓展我国与“一带一路”国家的贸易关系———基于竞争性与互补性研究》，《经济问题》2015 年第 8 期。

注：当指数越接近 1 时，表明两国贸易结果一致，贸易竞争性强。

表 4－2　2005—2014 年我国与“一带一路”国家的贸易互补性指数

地区	2005	2006	2007	2008	2009	2010	2011	2012	2013	2014
北亚	0. 3509	0. 3508	0. 3556	0. 4029	0. 3685	0. 3727	0. 4145	0. 4561	0. 4431	—
南亚	0. 5808	0. 5892	0. 6095	0. 66	0. 6609	0. 6637	0. 6748	0. 6804	0. 6601	0. 6802
东南亚	0. 9125	0. 928	0. 9216	0. 9033	0. 9033	0. 9086	0. 913	0. 9214	0. 9193	0. 8413
西亚	0. 4013	0. 4401	0. 3764	0. 4532	0. 4904	0. 5918	0. 5514	0. 553	0. 5224	0. 4238
中亚	0. 3161	0. 3326	0. 339	0. 3907	0. 3575	0. 366	0. 416	0. 4421	0. 4077	0. 4015
北欧	0. 8136	0. 8055	0. 8126	0. 8107	0. 8191	0. 8086	0. 8155	0. 8176	0. 8204	0. 8435
南欧	0. 8318	0. 819	0. 8215	0. 8085	0. 8208	0. 8219	0. 8126	0. 813	0. 8093	0. 8174
中欧	0. 9028	0. 895	0. 8783	0. 829	0. 8513	0. 8352	0. 8078	0. 8096	0. 8117	0. 8234
西欧	0. 8599	0. 9554	0. 8292	0. 8072	0. 7845	0. 7959	0. 8054	0. 8088	0. 8145	0. 806
东欧	0. 7077	0. 7022	0. 7255	0. 7272	0. 7288	0. 5704	0. 5474	0. 519	0. 5711	0. 5164
南太平洋	0. 4553	0. 4179	0. 4082	0. 424	0. 7804	0. 4765	0. 5342	0. 5318	0. 5677	0. 5399
地中海（非洲）	0. 6087	0. 616	0. 6136	0. 6972	0. 6825	0. 4962	0. 5241	0. 5446	0. 5441	0. 4046

数据来源：桑百川、杨立卓：《拓展我国与“一带一路”国家的贸易关系———基于竞争性与互补性研究》，《经济问题》2015 年第 8 期。

注：当指数越接近 1 时，表明两国贸易互补性高、贸易潜力大、贸易机遇多。

2. 我国推进国际产能合作的空间布局

我国国际产能合作遵循由近及远、沿着“一带一路”两条轴线开展，包括周边重点优先国家、“一带一路”沿线的主要支点国家、“一带一路”沿线以外的国家和地区，逐步形成“一轴两翼三片区”的空间布局及“一轴驱动、两翼联动、片区拉动”的动力模式。

“一轴”以周边重点国家为主轴，主要包括俄罗斯、巴基斯坦、缅甸、越南、柬埔寨、老挝、泰国、哈萨克斯坦等周边经济体，是我国推进国际产能合作的战略核心区域。

“两翼”分别沿着“丝绸之路经济带”和“21 世纪海上丝绸之路”开展，覆盖中亚、中东欧、南亚、西亚、北非等参与“一带一路”沿线重点地区，包括蒙古国、土库曼斯坦、乌兹别克斯坦、伊朗、土耳其、乌克兰、白俄罗斯、波兰、捷克、塞尔维亚等“丝绸之路经济带”主要支点国家，马来西亚、印度尼西亚、新加坡、印度、斯里兰卡、阿拉伯联合酋长国、埃及等“21 世纪海上丝绸之路”主要支点国家，是我国开展国际产能合作的重点对象和战略支撑区域。

“三片区”覆盖参与“一带一路”沿线以外的国家和地区，包括西欧和非洲部分片区、美洲和拉美片区、日韩和澳洲片区为主体的板块型经济片区，是我国开展国际产能合作的战略拓展延伸区域。

“一轴两翼三片区”的空间布局和总体合作思路，是对我国现有“一轴两翼”合作思路的重要补充和发展。一是紧扣“一带一路”倡议，并以周边国家为主轴区，以“东翼”和“西翼”为支撑区，较好地突出了优先合作和重点合作秩序。二是考虑到拉美国家不属于“一带一路”沿线国家，将其作为拓展延伸区域，不仅可以避免引起美国的疑虑和战略误判，同时也可以避免与“一带一路”倡议空间布局的错位。三是将主要发达经济体视作拓展延伸区域，突出了我国开展国际产能合作的全球性和完整性。

专栏 1：“一轴两翼”空间布局概况

“一轴两翼”的总体布局共涉及 45 个重点国家，“一轴”是以我国周边国家为“主轴”，主要包括哈萨克斯坦等 15 个国家；“两翼”中的“西翼”是指非洲、中东和欧洲中东部等国家，主要包括埃塞俄比亚等 24 个国家；“东翼”是指拉美国家，主要包括巴西等 6 国。然而，随着国际产能合作具体进程不断推进，这一布局已经不再符合我国国际产能合作的最新发展趋势，我国不仅和“一轴两翼”之外的发展中国家，如尼日利亚、阿尔及利亚等开展了诸多富有成效的国际产能合作项目，还和英国、澳大利亚、加拿大、美国等发达经济体开展了诸多国际产能合作项目。

资料来源：《国务院关于推进国际产能和装备制造合作的指导意见》（国发〔2015〕30 号），互联网公开资料。

3. 我国推进国际产能合作的产业布局

以生产要素禀赋比较优势为基础，以产业的竞争性和互补性为导向，结合“一带一路”倡议及“一轴两翼三片区”空间布局，以周边新兴大国为核心的“一轴”作为合作优先方向，由“丝绸之路经济带”和“21世纪海上丝绸之路”构成的“两翼”国家作为合作重点对象，欧洲和非洲、美洲和拉美及日韩澳洲“三片区”作为合作拓展延伸方向，不断优化相关产业的全球布局。

一是推动劳动密集型产业合作。发挥轻工纺织业国际竞争力较强的优势，在劳动力资源丰富、生产力成本低、规模效益高、建设周期短且靠近目标市场的周边新兴大国和“一带一路”沿线国家和地区，依托当地畜牧业和农产品等资源建立加工厂，重点投资化纤、棉纺织、毛纺织、丝绸、纺织品以及印染业等轻纺行业项目。在生产经营条件较好的境外经贸合作区，形成上下游配套、集群式发展的轻纺产品加工基地。

二是推动能源资源产业合作。加大对周边新兴大国和“一带一路”沿线国家和地区资源的开发利用和合作力度，加大对哈萨克斯坦、俄罗斯、伊朗等国家资源的引进和合作开发力度，重点推动天然气、石油、页岩气、煤炭、有色金属等资源投资合作，鼓励企业以成套设备出口、投资、收购、承包工程等方式建设炼铁、炼钢、钢材等生产基地。在市场需求大且资源条件好的国家，建设生产基地，开展能源资源上下游精深加工，延伸产业链。结合东道国资源分布，开展铜、铅、锌、铝等有色金属冶炼和深加工，有序建设石化、化肥、煤化工等生产线及开展上下游精加工。鼓励具有产业优势的光伏、风电、生物质能、智能电网等产业走出去，加强在周边新兴大国以及“一带一路”沿线国家和地区布局新能源研发和产业基地。

三是推动技术密集型产业合作。一方面，扩大与周边新兴大国和“一带一路”沿线国家和地区在高铁、核电、航空航天等领域的务实合作；对于投资需求大、营商环境好、规模效益优的国家，加强技术密集型产业的全产业链合作，构建“以我为主”的产业链生态。另一方面，通过与发达国家进行合作研究、委托研发和联合开发等方式，加快重大关键技术突破；加强信息通信、装备制造、电子信息等重点领域合作，推进先进技术及成果的引进、输出和转化；加强与欧美等世界优秀大学和科研机构的沟通联系，促进各方资源、人才、技术、信息的交流与合作。

四是推动第三方市场合作。切实遵循互利、合作、开放、包容的原则，按照国际法、国际惯例、商业原则的基本要求，将我国的产能优势、资金优势同发达经济体的技术优势、品牌优势相结合，鼓励和支持企业组建联合生产、联合体投标、联合投资等新型合作模式共同拓展第三方市场，共同展开面向全球市场的“第三方合作”，实现多方共赢。可以将能源化工、基础设施、装备制造等行业作为第三方市场优先合作领域，加强上下游整合力度，开展全产业链深度合作，助推产业合作迈向中高端。

（二）创新国际产能合作的机制与框架

牢固树立和深入贯彻创新、协调、绿色、开放、共享的新发展理念，结合“一带一路”倡议，在坚持互利共赢、义利并举、开放包容的同时，更加注重政府推动、企业主导、商业原则和风险可控，探索构建风险共担、收益共享机制，以共建产业园区作为国际产能合作的重要载体、以构建价值链网络作为国际产能合作的主要支撑、强化与国内产业转型升级的协同推进以激发国际产能合作的内生动力，积极探索创新对外合作机制和模式，将我国的产能、资本、技术、人才等优势和相关国家发展需求实现有效有序对接。

1. 共建产业园区是国际产能合作的重要载体

结合当地资源禀赋、市场需求和政府意愿，以共建产业园区的方式推进国际产能合作，既是“一带一路”倡议的主要内容之一，也是推进国际产能合作的重要载体。一方面，共建产业园区不仅能为制造业企业提供必要的基础设施，还能防范风险、降低成本和改善营商环境，并能助力创建贸易与商业网络扩大合作空间，引导我国企业尤其是民营企业“抱团式”“集群式”走出去形成海外产业集聚，较快地带动中国的产能、资本、技术乃至标准出口。另一方面，共建产业园尤其是政府间以产能合作协议所统一规划、布局、建设和运营的境外园，也有利于当地政府按照产业聚集、用地集约等因素考虑提供区域功能服务、完善公共设施配套，促进东道国经贸合作、经济发展、产业升级，推动所在国家工业化和城市化的进程，给东道国带来很好的经济和社会效益。总之，以境外共建产业园区为抓手，充分发挥园区在基础建设、配套设施、优惠政策上的平台优势，积极为企业“走出去”“走进去”“扎根下来”提供服务平台、保障平台、示范平台和创新平台，努力为企业走出去“保驾护航”，是助力国际产能合作的有效途径。

以境外园区建设为抓手促进国际产能合作也是大势所趋。目前我国企业开发投资建设的境外园区可分为制造类、物流类、农业类、资源类等。以泰中罗勇工业园、中埃·泰达苏伊士经贸合作区为代表的制造类园区数量占比接近我国海外园区总量的一半；以匈牙利中欧商贸物流园为代表的商贸物流园数量占比达 1/4；以中（俄滨海边疆）区现代农业产业合作区、吉尔吉斯斯坦亚洲之星农业产业合作区为代表的农业开发类园区数量占比达 1/7；而以中匈宝思德经贸合作区为代表的资源利用类园区数量占比仅为 1/9。尤其是在当前全球贸易前景不明朗的背景下，要充分利用发达经济体给予越南、柬埔寨、孟加拉国、斯里兰卡、巴基斯坦等 WTO 最不发达成员方的关税减免政策、双边贸易安排和东道国优惠政策，通过运筹境外产业园区曲线进入国际市场。

受当前国际政治经济形势影响，共建产业园也面临着多种挑战。在积极推动境外产业园区建设时，要充分借鉴国内外成功模式和先进经验，深入分析劳动密集型、资本密集型和技术密集型等不同行业在境外构建产业链过程中可能面临的供需矛盾、资源错配、标准困境、法律冲突以及制度“黑箱”等突出问题，以合作方产业衔接和互补需求为牵引，坚持互利互惠的原则，做到“事无巨细”，不做“夹生饭”、不留“合作死角”。

专栏2：中非共建产业园案例

中国在非洲建设产业园肇始于2000年前后，经过了三个阶段的跨越式发展，由中非共同建设工业园，逐步发展到共建开发区和经济特区，合作层级不断提升。当前，中国与非洲在经济合作的各领域互有优势、互相需要、互为依赖，产能合作面临着历史性发展机遇，中非共建产业园出现了爆炸式增长，并向着集约化和产业分化的方向发展。作为中非产能合作的现实载体和系统集成，中非共建产业园的合作模式符合中非共同利益诉求，可以更高效地利用中非发展差异形成的比较优势，符合中国“一带一路”倡议精神和非洲各国《2063年议程》的战略目标，代表着中非经济合作发展的新趋势。

截至目前，中非共建产业园已达100多个，几乎遍布所有与中国建交的非洲国家。在中非共建产业园中，有30多个已经开始运营，其他大部分产业园还处于规划和建设阶段。在所有的产业园中，运营状况良好的产业园又可以分为三类，第一类是大型国家级产业园。被列入中国商务部境外经贸合作区项目的工业园，资产规模较大，入驻企业较多，经济效益较好。其中，埃塞俄比亚的东方工业园、赞比亚的谦比希经贸合作区、埃及的苏伊士经贸合作区等项目成为中非产能合作的标志性项目，为当地发展工业、赚取外汇、增加税收、提振就业、改善财政发挥了重要作用。第二类是中等规模的产业园。这类产业园通常由单一企业主导，如中国石油在乍得建设的产业园、武汉海山投资集团有限公司在安哥拉建设的产业园等。这类产业园促进了所在国的相关产业发展，完善了所在国的相关产品自给和进口替代。第三类是民企和当地华商会建设的小型产业园。例如，乌干达天唐工业园为丰富当地经济类型、活跃投资和经贸产生了积极作用。

不过，受当前国际政治经济形势影响，中非共建产业园也面临着多种挑战。非洲各国普遍存在安全问题、金融问题、投资环境问题、经济政策问题，而中国的投资运营方也存在着同质竞争、缺乏协调、服务能力不足等问题，入园企业需要解决国际化、本地化和合规问题。为此，我国政府需密切与非洲的安全对话，充分利用援助和两优贷款，鼓励金融创新，推动金融单位走向非洲；非洲国家应该努力改善政治和安全环境，加强服务意识，提升商业竞争力。园区运营企业应该合理定位产业发展方向，提高管理和服务水平；入园企业则需坚持“正确义利观”，融入非洲。

资料来源：互联网公开材料整理。

2. 构建价值链网络是国际产能合作的主要支撑

国际产能合作本质上是在全球范围内进行生产力的重新布局，构建合理的全球价值链有助于企业在全球进行资源的优化配置，并使合作各方经济获得共同发展，是国际产能合作的主要支撑。一方面，应结合我国优势产业的海外布局，推动产业合作由加工制造环节为主向合作研发、联合设计、市场营销、品牌培育等高端环节延伸，主动打造我国占据主动地位、优势互补、互利共赢的全球产业链、供应链、价值链；另一方面，我国也需要加快创新对外投资方式、提升对外投融资能力，通过创业投资、风险投资等渠道进入海外早期创新企业，并加强与优质中小型高技术企业开展产能合作，培育国际经济合作和竞争新优势，推动我国产业链、价值链向中高端迈进。

此外，也应加强走出去与引进来的联动效应，促进国内价值链、国内创新链与全球价值链、全球创新链的有效对接。一方面，应以优化营商环境为先导，鼓励有条件的企业通过并购等各种途径，引进或投资研发、设计、营销、品牌等价值链优质资源，增强其整合国内外市场、上下游产业的能力，提升国内价值链、国内创新链；另一方面，应以境外经贸合作区、双边经济走廊和海关特殊监管区域合作为平台，支持我国具有竞争优势的电子信息、轨道交通、通信设备、电力装备、船舶、工程机械、核电等产业走出去优化全球布局，推动国内产业链向海外延伸。

3. 强化与国内产业转型升级的协同推进以激发国际产能合作的内生动力

推进国际产能合作和国内产业转型升级是相互促进且互为条件，应通过相应的政策设计，助力形成两者相辅相成、互为支撑的良性局面。一方面，通过国际产能合作助力推进国内产业转型升级、推动国内产业迈向全球中高端水平。密切跟踪全球新兴产业发展的新动态新特点，坚持采用高标准、宽范围和跨领域的产能合作模式，整合聚集国内国际两种优势资源，促进国内产业转型升级更具方向性和前沿性；另一方面，以国内产业转型升级为重要支撑，以产业链支撑创新链，以创新链牵引产业链，深入开展更大范围、更宽领域、更深层次的国际产能合作。

（三）多渠道拓展国际产能合作的资金来源

金融支持是推进国际产能合作的重要前提。全力打造高水平的金融服务支持体系，通过拓宽资金来源和使用渠道，加大对国际产能合作的资金支持力度，破解企业融资瓶颈，为提升我国全产业链条的国际竞争力提供重要支撑。

1. 支持企业和金融机构境外发债等直接融资

支持企业和金融机构积极探索“项目融资”、“股权融资”和“债券融资”等新方式，着力发挥政策性金融机构在提供中长期贷款等方面的比较优势。积极探索“项目融资”方式，适时引进财务投资者和战略投资者组建项目公司，切实提升企业融资能力，同时鼓励企业采用“股权融资”和“债券融资”等方式进行融资。同时，也要加快构建我国海外金融服务体系，进一步增强我国境外金融服务功能。根据国际产能合作业务开展金融服务，将金融服务超前谋划延伸，不留死角，目前应及时推动中资银行赴境外设立分行，并在产品创新和业务开展方面为我国企业走出去提供相匹配的高质量的金融服务支持。

2. 探索双多边合作基金等新型融资方式

借鉴中欧基金、中法基金的做法，与其他经济体（尤其是欧、美、日等）共同设立投资国际产能国家的双边、多边基金，双方在第三国开展产业投资等国际合作。

3. 人民币国际化与国际产能合作的结合

随着“一带一路”和国际产能合作的推进，开展产能项目合作时使用人民币结算时机已基本成熟。应加快推进人民币国际化进程，鼓励在国际产能合作项目中运用人民币进行结算。一方面，应扩大中国与“一带一路”国家本币互换的规模和范围。一是需要进一步加强国际产能合作东道国金融基础设施建设，培育人民币离岸市场发展，考虑利用国内现有的四大自由贸易区、金融综合改革试验区等推动对非人民币业务创新；二是完善人民币对外支付和清算体系，逐步建立并强化人民币在国际产能合作中主导融资结算货币的地位，设立并扩容人民币对外贸易结算试点机构，搭建相关机构进入中国银行间债券市场的桥梁；三是签署货币互换协议、推动人民币直接兑换和挂牌交易、鼓励大宗商品交易的人民币定价、促使人民币成为东道国的储备货币和在东道国发行人民币债券等。另一方面，应鼓励国内外机构和个人使用人民币对外进行直接投资。不断稳健开放国内资本市场，放宽对东道国人民币贷款审批条件。开放人民币证券融资业务，允许符合条件的外资企业从中国境内募集相关基础设施建设资金，包括在香港地区、上海等离岸市场引导更多的国家政府和机构参与发行人民币债券。

（四）构建风险防控机制防范化解多重风险

区域发展不均衡、经济政策与投资模式存在差异，加之部分国家面对我国快速发展心态失衡、海外投资环境日趋复杂、企业对东道国缺乏深入了解等，使得国际产能合作面临巨大的挑战，政治风险、社会风险、经济风险等相互交织。需要加快构建从风险防范到争端解决支撑服务的全链条风险防控机制，为企业“走出去”保驾护航。

1. 加快构建金融风险预警系统

整合系统性风险与非系统性风险、经济风险与非经济风险，构建综合性风险指标体系，联合相关研究机构研究制定国别、行业、项目风险指数体系，并对各风险指数进行动态监测与追踪，实时发布风险预警信息。做好国别投资环境评估，发布对外投资环境评估报告，加强对企业国际产能合作的信息咨询和风险提示。

2. 完善法律、会计、审计等专业服务支撑体系

针对我国企业“走出去”在法律、会计、审计等领域严重依赖外国服务机构的不利局面，加快推动国内相关资源集聚和专业服务整合，建立集政府国际投资部门、社会专业服务机构和相关协会力量于一体的综合性服务平台，不断完善“一带一路”沿线投资信息数据库建设，为企业提供全方位的指导服务。完善国际产能合作保险制度，尤其是鼓励符合条件的我国商业保险公司与“一带一路”沿线国家的保险公司合作，为“一带一路”建设项目提供财产、责任和人身保险等保障。

（执笔：易信）

第五章 完善开放型经济新体制，推动实现全面开放新格局

内容提要：未来相当长一段时期，完善开放型经济新体制将成为我国推动新型全球化的重要方式，这不仅将为我国经济进阶发展和推动新一轮国内改革提供重要动力，也将促进我国充分发挥“资本＋产能”的新比较优势，推动开放型经济质量变革、效率变革和动力变革，有利于形成更为合理有效的全球经济治理体系。我国应以推进“一带一路”建设为统领，在主动开放、平衡开放、共赢开放、安全开放的四大原则指引下，形成更深层次、更高水平的双向开放格局。应以开放的主动赢得发展的主动、国际竞争的主动。在构建全面开放新格局新体制的进程中应重点围绕系统谋划开放整体战略、力推国际产能合作、高水平高质量利用外资、积极稳妥对外投资、控制优化全口径外债总量、稳定优化对外贸易等重点工作，尽早推动一批、落地一批、示范一批重大政策措施。

全球化的新趋势对我国下一阶段的全面开放提出了挑战、也提供了机遇，新时代的开放理念、开放战略、开放目标、开放布局、开放动力、开放方式等都需要完善和调试，以适应和推动速度放缓、动力转换、规则变化的全球化新趋势，助力和推动我国全面开放新格局尽早实现突破，需要更加积极主动、有为敢为的姿态，大刀阔斧、加快形成全方位、立体化的全面开放新格局新体制，推动新时代我国外向型经济实现“三大变革”，即由要素驱动转向创新驱动的质量变革、由规模速度型转向质量效益型的效率变革、由传统优势为主转向综合竞争新优势的动力变革。形成新格局、完善新体制的重点不应只停留在“范围、领域、层次”的提速和纵深，更在于“方式、布局、质量”的创新和优化，更加注重引进来－走出去、制造业－服务业、多边规则－区域机制的“三个并重”，以及陆海内外联动－东西双向互济开放布局再平衡、发达国家－新兴市场多元化的“两个共进”。

一、加快形成全面开放新格局新体制的总体思路和基本原则

（一）总体思路

适应和推动速度放缓、动力转换、规则变化的全球化新趋势，围绕促进引进来与走出去更好结合、制造领域和服务领域开放更好结合、多边开放与区域开放更好结合，以推进“一带一路”建设为统领，以开放“范围、领域、层次”提速提质和“方式、布

局、质量”创新优化为重点，加快构建互利共赢、多元平衡、安全高效的全方位、立体式全面开放新格局、新体制，推动外向型经济实现由要素驱动转向创新驱动的质量变革、由规模速度型转向质量效益型的效率变革、由传统优势为主转向综合竞争新优势的动力变革。通过形成全面开放新格局，推动我国与世界各国共同发展；通过探索创新全球经济治理新机制，推动调整全球化方向和规则，形成深度交融的互利合作网络；通过更加平衡的对外开放，发掘有利于各国共建共享、互惠互利的经济全球化新成长点。

（二）基本原则

一是提升主动开放。提升主动开放的力度，在保障国家安全的前提下，更大程度地开放国内市场，使其成为促进共享发展的空间。提升主动开放的质量，高水平引进来和高质量走出去并重，有效培育国际竞争新优势，提升主动参与全球经济治理的层次。

二是推进平衡开放。开放发展的趋势是融合式开放。中长期推进平衡开放的重点是不同领域开放合作的统筹协调和相互促进。应更注重发挥经济开放对其他领域开放合作的带动作用，以及不同领域开放的互促作用。

三是坚持共赢开放。要在推动建设开放、包容、普惠、平衡、共赢的经济全球化等方面发挥积极作用。应坚持共赢开放，推动构建开放型世界经济，以开放发展为各国创造更广阔的发展空间，促进形成互利共赢的合作格局。

四是盯牢安全开放。安全开放，既要在开放中有效维护国家利益，也要有力保障开放形成的中国全球利益。应以安全保障能力建设为重点促进安全开放，为国际影响力的发挥提供坚实基础。

二、加快形成全面开放新格局新体制的重点任务

在工作中应结合自身职能，重点围绕系统谋划开放整体战略、力推国际产能合作、高质量利用外资、积极稳妥对外投资、控制优化全口径外债总量等重点工作，尽早推动一批、落地一批、示范一批重大政策措施。

（一）推进贸易强国建设，巩固提升外贸可持续发展新机制

放弃刻意稳外贸的速度规模目标，以培育和巩固综合竞争优势为核心，鼓励优质优价、优进优出，升级贸易结构、优化贸易布局、多元化贸易伙伴、创新贸易方式，适时储备研究“进口战略”指导实施更加积极主动、更具先发主导的进口政策。贸易结构方面，促进货物和服务贸易协调发展；加快货物贸易优化升级，鼓励高新技术、装备制造、品牌产品出口；实施更加积极的进口政策，扩大先进技术设备、关键零部件和优质消费品等进口，促进进出口平衡发展；促进服务贸易加快发展，打造“中国服务”国家品牌。贸易创新方面，依托新一轮科技革命和产业变革的机遇，大力发展跨境电子商务、市场采购贸易、外贸综合服务等“中国优势”贸易技术和业态；加快从模仿转向创新，提高出口产品质量、档次和附加值。贸易政策方面，以提高贸易发展位势为目的

实施质量效益导向型外贸政策。要加快构建外贸可持续发展新机制，既保持外贸传统优势，又要积极培育外贸竞争新优势，着力破解制约外贸转型升级的突出问题，全面提升外贸竞争力，提高贸易便利化水平，完善进出口促进体系，健全贸易摩擦应对机制，大力发展服务贸易，促进外贸提质增效升级。

1. 提高贸易便利化水平

强化大通关协作机制，实现口岸管理相关部门信息互换、监管互认、执法互助。加快国际贸易“单一窗口”建设，全面推行口岸管理相关部门“联合查验、一次放行”等通关新模式。依托电子口岸平台，推动口岸管理相关部门各作业系统横向互联，建立信息共享共用机制。探索开展口岸查验机制创新和口岸管理相关部门综合执法试点。加快海关特殊监管区域整合优化。加快一体化通关改革，推进通关作业无纸化。与主要贸易伙伴开展检验检疫、认证认可和技术标准等方面的交流合作与互认。加强口岸检验检疫综合能力建设，完善产品质量安全风险预警和快速反应体系。整合和规范进出口环节经营性服务和收费。

2. 培育外贸竞争新优势，优化贸易结构

稳定传统优势产品出口，进一步推进以质取胜战略，提升出口产品质量、档次和创新要素比重，扩大大型成套设备和技术出口。加强外贸诚信体系建设，规范进出口秩序。鼓励企业开展科技创新和商业模式创新，加快培育以技术、品牌、质量、服务为核心的外贸竞争新优势。鼓励发展跨境电子商务、市场采购贸易等新型贸易方式。积极解决电子商务在境内外发展的技术、政策问题，在标准、支付、物流、通关、检验检疫、税收等方面加强国际协调，参与相关规则制定，创新跨境电子商务合作方式，融入国外零售体系，化解相关贸易摩擦。优化进口商品结构，鼓励先进技术、关键设备和零部件进口，稳定资源性产品进口，合理增加一般消费品进口。培育国际大宗商品交易平台。提高一般贸易和服务贸易比重，推动加工贸易转型升级，提升产业层次，提高加工贸易的质量和附加值，延长加工贸易产业链，提高加工贸易增值率。

3. 大力发展服务贸易和电商等新兴贸易技术和业态

提升服务贸易战略地位，着力扩大服务贸易规模，推进服务贸易便利化和自由化。鼓励发展生产性服务贸易。依托大数据、云计算、物联网、移动互联网等新技术，推动服务业转型，培育服务新业态。创新服务贸易金融服务体系，建立与服务贸易相适应的口岸管理和通关协作模式。提高货物贸易中的服务附加值，促进制造业与服务业、货物贸易与服务贸易协调发展。推进国内服务市场健全制度、标准、规范和监管体系，为专业人才和专业服务跨境流动提供便利。制定与国际接轨的服务业标准化体系，加强与服务贸易相关的人才培养、资格互认、标准制定等方面的国际合作。促进服务外包升级，提升服务跨境交付能力，建设好服务外包示范城市。

4. 实施质量效益导向型外贸政策，提升贸易发展位势

支持技术含量高、附加值大、资源和能源消耗低、环境污染小、产业关联度强的对外贸易活动，实现外贸绿色低碳可持续发展。进一步完善出口退税制度，优化出口退税流程。健全出口信用保险体系。加强贸易风险、汇率风险监测分析，适时公布有关风险提示，引导企业有效规避出口风险。

5. 坚持世界贸易体制规则，健全贸易摩擦应对机制

强化中央、地方、行业协会商会、企业四体联动的综合应对机制，指导企业做好贸易摩擦预警、咨询、对话、磋商、诉讼等工作。有理有节、化解分歧、争取双赢，以协商方式妥善解决贸易争端，对滥用贸易保护措施和歧视性做法，善于运用规则进行交涉和制衡。依法开展贸易救济调查，维护国内产业企业合法权益。

（二）高水平高质量利用外资，打造更加完善的投资环境

世界经济、产业布局深刻调整，国际引资竞争加剧，我国利用外资工作必须更加积极主动地对接外部环境，稳定外资规模和速度，改善外资来源地构成，平衡外资区域分布。依托稳定、公平、透明的法治化手段而非攀比式政策优惠措施，构建有全球竞争力的外商投资环境，吸引、优化、利用外资，更加重视外资带动我国企业嵌入全球产业链、价值链、创新链的技术溢出效应、产业升级效应。清理并适时修订不符合利用外资大方向、大原则的政策文件，根据新情况制定新的外资基础性法律法规。全面实行准入前国民待遇加负面清单管理制度。营造公平竞争的市场环境，切实给予外商投资企业准入后公平待遇，促进内外资企业公平竞争。保护外商投资合法权益，加强知识产权保护。在利用外资不平衡不充分的地区，继续充分发挥国家级新区、各类开发区等吸引外资的作用。引资和引技、引智并举，研究探索技术移民制度，完善海外人才的国民待遇。

1. 调整利用外资结构

制造业和服务业仍是各国引资最重要的领域，且竞争更加激烈。吸引外资重点要与产业转型升级的方向一致。2016 年制造业吸引外资占比 26.5%，比十年前降低 31.2 个百分点；服务业吸引外资占比 68.6%，比十年前提高 30.7 个百分点。制造业吸引外资，重点由劳动密集型产业向资本、技术密集型产业升级，从加工制造向研发、营销环节延伸的趋势。服务业吸引外资，不断扩大外商投资规模和范围，加大信息、商务、研发、营销、物流等生产性服务业和旅游、文化、健康、养老、体育、教育培训等生活性服务业引资力度。进一步放宽金融等领域外资准入限制。引导外资更多投向先进制造、高新技术、节能环保和中西部地区、东北地区，进一步优化利用外资产业结构和区域结构。

2. 依托新比较优势吸引和利用外资

利用外资进入转型期，传统的低成本优势正在发生变化，能源资源和生态环境压力凸显，必须认清和尊重经济规律，及时转换动力，未来需巩固最大的消费市场、完善的基础设施条件、齐全的产业配套能力、丰富的人力资源和不断优化的营商环境等方面的优势，打造市场体系健全、行政服务高效、人力资源丰富、产业配套齐全、基础设施完备的综合新优势。

3. 全方位、宽领域利用外资

在“一带一路”倡议推进统领下，对外开放格局将向东开放转为向东向西开放并举，东部地区重在建设国际化高标准投资环境，继续发挥吸引外资领头羊作用；中西部

地区通过陆上丝绸之路，从开放末梢变为开放前沿，把握引资重要机遇。

4. 切实给予外商投资企业准入后公平待遇，促进内外资企业公平竞争

外资企业与国有企业、民营企业一样，都是国民经济的重要组成部分。只要是在我国境内注册的企业，都要享受同等待遇。要加快形成企业公平竞争的现代市场体系，对内外资企业一视同仁、公平对待。要确保政策法规执行的一致性，地方和部门不得擅自增加对外资企业的限制。对外商投资企业同等适用产业支持政策、创新支持政策。按照统一标准、统一时限的原则，审核外商投资企业业务牌照和资质申请。推进标准制（修）订全过程信息公开，给予内外资企业公平机会参与标准化工作。平等对待外商投资企业生产的产品，促进内外资企业公平参与政府采购招投标。严格保护外资企业知识产权。支持外资企业在中国境内上市、发债。实行内外资企业统一的注册资本制度。对外商投资企业同等适用产业支持政策、创新支持政策，鼓励外商投资企业深度融入我国制造体系、创新体系。制定涉及外资的政策，要进行公平竞争审查。

5. 允许地方政府在法定权限范围内制定出台招商引资优惠政策

对就业、经济发展、技术创新贡献大的项目，地方可根据实际情况予以支持。鼓励外资企业再投资，对境外投资者从中国境内居民企业分配的利润直接投资于鼓励类投资项目。扩大中西部地区、东北地区鼓励外商投资范围，支持中西部地区、东北地区承接产业转移。对西部地区继续实行企业所得税优惠政策。推进外资跨国公司本外币资金集中运营改革，促进资金双向流动，提高资金使用效率。

6. 营造有国际竞争力的营商环境吸引外资，深化外商投资管理体制改革

督查落实国务院出台的“吸引外资 20 条措施”、《国务院关于扩大对外开放积极利用外资若干措施的通知》（国发〔2017〕5 号）文件、《国务院关于促进外资增长若干措施的通知》（国发〔2017〕39 号）文件，适时研究新措施。对外商投资实行准入前国民待遇加负面清单管理模式，全面推行普遍备案、有限核准的外商投资管理制度。进一步优化外商投资管理流程，压缩办理时限，推进外商投资项目核准、备案统一在线办理，实现一口受理、限时办结、进度可查询，提高外商投资管理信息化水平。北京、上海、广州、深圳等特大城市率先加大营商环境改革力度，提高投资便利化程度，取得经验后向全国复制推广。完善与外商投资负面清单管理方式相适应的事中事后监管制度。

7. 充分发挥国家级新区等各类开发区吸引外资的作用

加强国家级经济技术开发区、高新技术产业开发区、海关特殊监管区域以及省级开发区等各类开发区规划指导、创新发展。发挥开发区的引领和带动作用，大力发展先进制造业、生产性服务业和科技服务业，推动区内产业升级，建设协同创新平台，实现产业结构、产品附加值、质量、品牌、技术水平、创新能力的全面提升。推动开发区绿色、低碳、循环发展，继续深化节能环保国际合作。不断改善投资环境，进一步规范行政管理制度，完善决策、执行、监督和考核评价体系，避免同质竞争，努力把开发区建设成为带动地区经济发展和实施区域发展战略的重要载体、构建开放型经济新体制和培育吸引外资新优势的排头兵、科技创新驱动和绿色集约发展的示范区。

8. 完善外商投资监管体系

按照扩大开放与加强监管同步的要求，加强事中事后监管，建立外商投资信息报告制度和外商投资信息公示平台，充分发挥企业信用信息公示系统的平台作用，形成各政府部门信息共享、协同监管、社会公众参与监督的外商投资全程监管体系，提升外商投资监管的科学性、规范性和透明度，防止一放就乱。

（三）积极稳妥开展境外投资

境外投资是推进“一带一路”建设的重要方式，也是构建开放型经济新体制的重要方面。“走出去”投资要更好利用国际市场和国际要素配置渠道，促进高端要素培育和增强配置能力。积极输出技术、标准和服务。以“一带一路”建设为统领，促进企业合理有序开展境外投资活动，防范和应对境外投资风险。研究制定境外投资法规，持续推进境外投资便利化，保持对外直接投资方针政策和管理原则的稳定性。加强对海外并购的引导，鼓励企业对外投资重在扩大市场渠道、提高创新能力、打造国际品牌，形成面向全球的贸易、投融资、生产、服务网络。

1. 合理引导对外投资

对外投资管理机制是我国开放型经济体制的重要组成部分，需要把完善中长期制度建设和短期相机调控结合起来，在推进对外投资便利化的同时防范对外投资风险，完善和规范市场秩序，促进对外投资健康有序发展，保持国际收支基本平衡。按照国家“走出去”和“一带一路”倡议部署，坚持市场化原则支持企业海外并购。同时，加强对外直接投资相关的监管部门联动，上游部门把好入口关，强化对外直接投资真实性、合规性审核，避免一哄而上的现象，促进对外直接投资有序健康发展。

2. 保持对外直接投资方针政策和管理原则的稳定性

坚持实施“走出去”的战略不变、坚持充分利用“两个市场”和“两种资源”的方针不变、坚持支持合法合规的对外直接投资方向不变、坚持推进贸易投资便利化中注意防范对外投资风险的原则不变。坚持“企业主体、市场原则、国际惯例、政府引导”的原则，鼓励企业参与国际经济竞争与合作、融入全球产业链和价值链，不断推进对外投资管理“简政放权、放管结合、优化服务”改革。支持国内有能力、有条件的企业开展真实合规的对外投资活动，参与“一带一路”共同建设和国际产能合作，促进国内经济转型升级，深化我国与世界各国的互利合作。

3. 聚焦重大问题，开展境外投资战略研究

彻底跳出项目核准和备案的传统管理思路，把工作重点放在加强指导协调服务上，完善境外投资项目监管。健全境外投资法规体系，优化管理体系和程序。创新对外投资合作机制，支持有关行业和领域加快走出去步伐。加强与重点国家合作，推进与周边国家基础设施互联互通。加强政策沟通，着力推进与“一带一路”沿线国家签订双边或多边合作协议，营造畅通的政策环境；加强政策引导，有效对接“一带一路”沿线国家实际需求，引导企业持续合理、有序健康地开展境外投资。

4. 研究制定境外投资法规，持续推进境外投资便利化

贯彻企业投资自主决策、自负盈亏原则，放宽境外投资限制，简化境外投资管理，除少数有特殊规定外，境外投资项目一律实行备案制。加快建立合格境内个人投资者制

度。加强境外投资合作信息平台建设。

5. 创新对外投资合作方式

允许企业和个人发挥自身优势到境外开展投资合作，允许自担风险到各国各地区承揽工程和劳务合作项目，允许创新方式走出去开展绿地投资、并购投资、证券投资、联合投资等。鼓励有实力的企业采取多种方式开展境外基础设施投资和能源资源合作。促进高铁、核电、航空、机械、电力、电信、冶金、建材、轻工、纺织等优势行业走出去，提升互联网信息服务等现代服务业国际化水平，推动电子商务走出去。积极稳妥推进境外农业投资合作。支持我国重大技术标准走出去。创新境外经贸合作区发展模式，支持国内投资主体自主建设和管理。

6. 健全走出去服务保障体系

加快同有关国家和地区商签投资协定，完善领事保护制度，提供权益保障、投资促进、风险预警等更多服务，推进对外投资合作便利化。保障我国境外人员人身和财产安全。发挥中介机构作用，培育一批国际化的设计咨询、资产评估、信用评级、法律服务等中介机构。

7. 引进来和走出去有机结合

推进引进外资与对外投资有机结合、相互配合，推动与各国各地区互利共赢的产业投资合作。发挥我国优势和条件促进其他国家和地区共同发展。鼓励企业开展科技创新、项目对接、信息交流、人力资源开发等多方面国际合作。支持地方和企业做好引资、引智、引技等工作，并积极开拓国际市场。通过各类投资合作机制，分享我国引进来的成功经验，推动有关国家营造良好投资环境。

8. 强化风险意识，防范境外投资风险

加强对对外直接投资风险教育，运用具体案例和数据引导企业理性开展对外直接投资。国内商业协会等中介组织，要加强法律、金融、制度、文化等全方位支持配套，及时充分提示投资、汇率、债务等潜在风险，协助中资企业做好项目评估、风险应对，确保对外直接投资行稳致远。加强各类风险防范，确保有效降低企业境外投资的经营风险、债务风险、资金外流风险、产业空心化、政策风险五大风险类型。

（四）开展互利共赢国际产能合作

产能合作是国家间更为高级和深层次的合作方式，涉及直接投资、生产组织、市场营销等多方面。国际产能合作是汇聚全球增长新动能的新倡议，不仅需要合作各方全面和真诚的协调互动，也需要各方充分发挥比较优势、降低生产成本、提高竞争能力。国际产能合作旨在发挥中方在装备、技术、资金等方面的综合优势和其他方面的比较优势，对接中国和“一带一路”沿线国家供给能力和发展需求，共同发展实体经济、建设基础设施，实现优势互补、互利共赢、共同发展。以“一带一路”倡议为统领，秉持共商、共建、共享的原则，坚持企业主体、绿色永续、开放平衡、互利共赢的原则，同沿线国家一道推动产能合作取得丰硕成果。以构建价值链网络和区域生产体系作为国际产能合作的重要支撑，聚焦重点国家、重点行业，带动我国装备、技术、标准、服务走出去。多渠道拓展国际产能合作的资金来源，鼓励金融机构提供多元化、全方位金融产品和服务，不断提升国际产能合作的风险规避能力。

1. 坚持在“一带一路”倡议等国家战略统领下开展国际产能合作

国际产能合作是贯彻实施国家经济外交战略的重要体现，是具体的行动纲领，应围绕“一带一路”和“两廊”的重点区域布局，根据国际市场需求和我国产业优势，重点输出高铁、通信、电力等优势产业和能力。不是落后产能的转移，而是将产业整体输出到不同的国家，帮助这些国家建立更加完整的工业体系和制造能力。

2. 国际产能合作应坚持互利共赢合作观

不仅应加强国内企业间的合作、形成产业集群，还应加强双边、多边、第三方乃至多方企业间的产业合作，一方面和发展中国家合作，另一方面也要发挥发达国家技术、资金、经验优势，从“互利双赢”升级为“互利三赢”“互利多赢”，扩大产能合作利益汇合点，实现合作最大公约数，形成新的更大的利益共同体。

3. 聚焦重点国家、重点行业开展国际产能合作

区域布局层面，以哈萨克斯坦、印度尼西亚、马来西亚等周边重点国家为“主轴”，以非洲、中东和欧洲中东部重点国家为“西翼”，巴西、秘鲁等拉美重点国家为“东翼”，重点圈定“一带一路”重点沿线国家开展产能合作。在产业布局层面，重点推动钢铁、有色、建材、化工、轻工、汽车、农业等行业优势富余产能，包括工程机械、航空航天、船舶和海洋工程的优势装备，以及交通、能源、通信等基础设施，开展国际产能合作。

4. 充分发挥部门、地方、企业、协会等各方积极性，持续增强工作合力

不断完善现有双多边产能合作机制，组织政策对话和项目对接，与有关国家加紧商签共同推进产能合作框架协议，切实发挥各部门、各地区统一对外工作平台的作用。借助多边舞台推动产能合作，加快推动与东盟、非盟、欧盟、拉共体等区域组织，与法国、韩国、西班牙、德国等发达经济体建立的第三方合作机制的作用。发挥中央地方协同联动机制作用，通过委省协同联动机制指导地方立足产业实际，与重点国家开展合作对接，上下合力推进国际产能合作。发挥央企、民企、协会协同推进机制作用，发挥中央企业主力军作用，发挥民营企业积极性，发挥钢铁工业协会、建筑材料联合会等行业协会桥梁纽带作用，全面推进国际产能合作。

5. 共建产业园区是国际产能合作的重要载体

共建产业园区是发挥彼此优势、促进各自经济发展、增强贸易比较优势的重大举措。对园区定位、运筹管理以及入园企业和产品生产、营销等都提出了很高要求。现在园区的基础设施、招商引资、产业引导、生产定位、双方管理磨合、运行机制创新等任务很重，需要双方逐渐探索，以克服文化差异、加强人才队伍培育。园区不能仅靠两国的国有企业和吸引的外资，还应鼓励两国中小企业积极参与其中。建立海外工业园并在当地整合产业链资源是未来的发展方向。通过支持有实力、有条件的中国企业到有关国家投资建设或与所在国企业共同投资建设产业园区，以吸纳中国、所在国或其他国家企业入区投资发展，推动双边和多边产能合作，促进当地经济发展的经贸活动。

6. 构建价值链网络是国际产能合作的主要支撑

鼓励政策不应是普惠制的，而应针对特定行业、特定产业链环节给予不同侧重点的扶持，更加精准发力，旨在推动我国企业海外投资中沿着全球价值链和产业链向上游升级。

7. 多渠道拓展国际产能合作的资金来源

完善财税支持政策、发挥优惠贷款作用、拓宽外汇储备使用渠道、增强开发性金融和政策性银行服务能力、强化出口信用保险作用，持续加大对国际产能合作的资金支持力度。多渠道设立系列双多边产能合作基金，为产能和装备走出去提供有力支持。支持企业和金融机构境外发债融资。改革企业发行外债管理，发挥企业境外发债对国际产能合作的促进作用。支持国家开发银行、中国进出口银行分别赴境外发行债券，重点用于支持国际产能合作项目。优化外经贸发展专项资金使用方式和资金投向。逐年增加“两优”贷款规模，提高“两优”贷款优惠度。进一步完善中长期出口信用保险、海外投资险等，加快与有关国家商签避免双重征税协定。

8. 鼓励金融机构提供多元化、全方位金融产品和服务

金融机构要积极利用海外分支机构资源优势，紧抓优势企业“走出去”业务机遇，重点推进对外担保、融资租赁、中介型福费廷、出口买方信贷等“走出去”拳头产品，为企业获取最低融资成本，通过境内外分支机构的内外联动和高效协同，满足企业在境外的各项资金需求。根据“走出去”企业跨时区、跨币种、跨市场的多维度需求，金融机构要不断增强境外机构本地化服务能力，建立财务顾问、贸易融资、资金管理、托管清算、债券承销发行、外汇衍生品交易等业务在内的立体式、全方位金融服务体系。加强前端性服务，实现海外项目市场的“源头性”开发，将财务顾问、开发顾问等投资银行服务与商业银行传统金融服务相结合。

9. 提升国际产能合作的风险规避能力

建立针对“一带一路”的产能合作风险防范机制。打造系统风险防范机制，加大对“一带一路”沿线国家市场环境的研究工作，建立一套科学的风险预警指标体系。

（五）创新外债管理体制

进一步解放思想，调动企业积极性，政府和企业形成合力共同推动我国成为对外投资大国。梳理评估全口径内外资企业外债管理有效性，不断改进企业外债管理，优化外债的期限结构，提高外债发行主体多元化，优化外债币种结构、期限结构，提升外债在产业发展方面的引导作用。

1. 提升外债在响应国家战略和促进区域、产业发展方面的引导作用

鼓励企业通过外债筹资，投资于“一带一路”、京津冀协同发展、长江经济带等国家重大战略规划和城镇化、战略性新兴产业、“双创”、高端装备制造业、“互联网 +”、绿色发展等重点领域，不断扩大有效投资。金融机构发行外债应加大对实体经济的支持力度，促进金融资本与产业资本融合发展，助推产业转型升级和供给侧结构性改革，控制外债资金在金融体系内部交叉投资、自我循环。

2. 完善企业外债发行政策

在《国家发展改革委关于推进企业发行外债备案登记制管理改革的通知》（发改外资〔2015〕2044号）基础上，进一步完善对企业发行海外债的要求，加强海外债发行管理，对一年期及以下海外债发行纳入备案要求。

3. 优化外国政府贷款程序

重点做好国外优惠贷款规划管理、中长期国际商业贷款管理、境外发债管理等改革；按照要求公开、程序公开、过程公开、结果公开的原则，推动贷款信息全流程公开。

4. 创新监管方式

推动外商投资项目核准、备案纳入全国投资项目在线审批监管平台，建立健全覆盖全国的境外投资项目在线审批监管平台，动态监测并指导地方项目备案、核准工作，全面掌握外商投资和境外投资动态，保证中央政策落地。

5. 适时将企业外债规模管理改革试点政策向更大范围推广

允许企业在年度外债规模内灵活把握发债时机，自主选择发债时间和发债批次，境内外统筹使用外债资金，降低借款成本，提高发债效果。鼓励企业境内母公司直接发行外债，适当控制海外分支机构和子公司发行外债，鼓励外债资金回流结汇。

6. 加强企业在外债发行风险防范中的主体地位

企业应密切跟踪国际国内资本市场变化情况，关注国家经济金融形势、国际收支状况、跨境资本流动和外债外汇政策调整，强化外债风险管理意识，制定外债风险防控方案。明确外债风险管理责任，健全外债风险管理决策、授权和监督机制，将外债风险管理贯穿外债借、用、还全过程；统筹考虑汇率、利率、币种及企业资产负债结构等因素，适当运用货币互换、利率互换、远期外汇买卖、期权、掉期等金融衍生产品，审慎选择融资工具，合理持有外汇头寸，有效控制风险敞口，确保外债风险控制在自身可承受范围内。

（六）为推动完善全球经济治理提供“中国方案”

积极参与全球经济治理，提高我国在全球经济治理中的制度性话语权，做国际经贸规则的参与者、引领者，在国际事务中发挥更大作用、在应对全球性挑战中承担与自身发展阶段相适应的责任。一方面，推动变革全球治理体制中不公正不合理的安排，推动国际货币基金组织、世界银行等国际经济金融组织切实反映国际格局的变化，特别是要增加新兴市场国家和发展中国家的代表性和发言权，推动各国在国际经济合作中权利平等、机会平等、规则平等，努力使全球治理体制更加平衡并反映大多数国家意愿和利益，坚持多边和区域体制规则并重，积极参与跨境资本流动管理的国际规则制定，不断完善国际经贸谈判新机制，构建多双边、全方位经贸合作新格局。另一方面，探索供给侧结构性改革、国际产能合作、构建人类命运共同体等解决治理困境和公平赤字的“中国方案”得到更多响应、贡献更多正能量。

1. 坚持世界贸易体制规则

维护多边贸易体制在全球贸易投资自由化中的主渠道地位，坚持均衡、普惠、共赢原则，反对贸易投资保护主义。积极落实“巴厘一揽子协议”，推动后巴厘工作计划制定，争取尽早完成多哈回合谈判。推进《信息技术协定》扩围和《环境产品协定》谈判，推动我国加入《政府采购协定》谈判。支持世贸组织继续加强贸易政策监督机制、完善争端解决机制。进一步加强贸易政策合规工作。

2. 积极参与全球经济治理

推进全球经济治理体系改革，支持联合国、二十国集团等发挥全球经济治理主要平台作用，推动金砖国家合作机制发挥作用，共同提高新兴市场和发展中国家在全球经济治理领域的发言权和代表性。全面参与国际经济体系变革和规则制定，在全球性议题上，主动提出新主张、新倡议和新行动方案，增强我国在国际经贸规则和标准制定中的话语权。

3. 制定跨境资本流动管理的国际规则

目前对跨境资本流动管理的共识是作为处理风险和危机的事后措施，这还远远不够，应该发展事前资本流动管理框架，制定国际层面和国别层面的资本流动管理原则，允许各国根据本国国情和发展阶段采取不同的资本流动管理体制，鼓励各国有序适度开放资本账户，以保障资本流动能够切实提高有关国家和世界经济的福利。

4. 构建多双边、全方位经贸合作新格局

坚持正确的义利观，弘义融利，因地制宜，务实合作。丰富中美新型大国关系的经贸内涵，深化中欧多领域合作，协同推进中美、中欧投资协定谈判，统筹国内改革与对外开放进程。促进中俄经贸关系跨越式发展。深化同发展中国家合作。加强与“一带一路”沿线国家的宏观政策沟通与协调。完善区域次区域合作机制，发挥亚洲太平洋经济合作组织、亚欧会议、上海合作组织作用，强化中非、中阿、中拉等合作机制。推进大湄公河、中亚、图们江、泛北部湾等次区域合作。多双边合作机制要加强统筹、提高效率、讲求实效。

5. 建立国际经贸谈判新机制

抓紧建立依法有序、科学高效、协调有力、执行有效的谈判机制。统筹谈判资源和筹码，科学决策谈判方案，优化谈判进程。加强谈判方案执行、监督和谈判绩效评价，提高对外谈判力度和有效性。充分发挥有关议事协调机制的积极作用，完善国际经贸谈判授权和批准制度。

（执笔：李世刚）

附　　件

篇一　历次美元进入加息周期导致金融崩盘的发展中国家共性特征及规律分析

（2018 年 5 月完成）

由于美元的国际货币地位和美元资产在全球资产配置中的重要性，美国货币政策调整是引发多次全球性或区域性金融危机的重要因素。从历史情况来看，当美国货币政策走向宽松时，容易引发各地区的资产泡沫或过度负债，而当美国货币政策由宽松转向紧缩、美元进入加息周期时，将带动美元升值，引发国际资本回流美国本土，导致全球资金面紧张和利率水平上升，美元加息曾多次引爆了拉美、东南亚一些国家的金融崩盘，打断了后发国家经济追赶进程。我们认为，美元加息固然是一个重要的外在触发因素，但遭遇金融崩盘的发展中国家过高的宏观杠杆、庞大的外债规模、僵化的汇率制度、错误的调控政策以及“债务不耐”诅咒，才是造成这些国家金融系统脆弱的主要原因。

一、历次美元加息均导致部分国家爆发金融危机

近四十年来，美元主要经历了五轮完整的加息周期：第一轮从 1982 年 9 月至 1984 年 9 月，美国经济政策转向改善供给的“里根经济学”，其间连续加息 11 次，联邦基金利率从 8.5% 上调至 11.5%；第二轮从 1988 年 2 月至 1989 年 5 月，为应对通货膨胀美联储连续加息 16 次，联邦基金利率从 6.5% 上调至 9.8%；第三轮从 1994 年 2 月至 1995 年 2 月，为抑制过快走高的通货膨胀，美联储再次重启加息进程，连续加息 7 次，联邦基金利率从 3% 升至 6%；第四轮从 1999 年 6 月至 2000 年 5 月，为抑制互联网泡沫，美联储加息 6 次，联邦基金利率从 4.75% 升至 6.5%；第五轮从 2004 年 6 月至 2006 年 6 月，为抑制房地产泡沫和通货膨胀抬头，美联储加息 17 次，联邦基金利率从 1% 升至 5.25%。这五轮美元加息，都伴随了国际资本的大规模回流，极大推升了新兴市场国家的融资成本，造成流动性紧张，甚至引发金融危机。

1982 年至 1984 年，美元加息触发了拉美债务危机。二战后，拉美国家依靠资源出口、进口替代、借债发展等战略，一度实现了经济快速增长。这段时期内，拉美国家经济普遍处于发展初级阶段，国内储蓄率低、资金匮乏；与此同时，美欧经济陷入滞涨，经济衰退、低利率环境导致资金大量从美欧流入拉美国家，后者债务水平激增，尤其是政府部门债务率快速上升。1979 年开始，美联储货币政策开始转向，利率水平大幅提高，国际资本迅速回流美欧地区，拉美国家还本付息负担加重，1982 年国际商贷利率一度高达 21%。同时，美元指数攀升，大宗商品价格大跌，主要依靠初级产品出口的拉美国家贸易条件迅速恶化，还债能力被严重削弱。依靠借债发展起来的国内资本和技

术密集型产业，缺乏比较优势和国际竞争力，亏损状况加重。从 1982 年开始，资本大量流出拉美地区，墨西哥、阿根廷等国先后耗尽了外汇储备，无力继续偿还债务，拉美债务危机全面爆发，经济受到重创，失业率和通胀攀升，货币普遍贬值，落入“中等收入陷阱”。

1994 年至 1995 年，美元加息是墨西哥比索危机的导火索。20 世纪 90 年代初，伴随着美国经济陷入衰退，大量投机资本流入墨西哥股票和债券市场，到 1994 年墨西哥对短期投资依赖度已高达 70%。随着美国经济复苏和通胀压力上升，美联储在 1994 年 6 次提高利率，大量国外资本回流，引发市场对墨西哥无力偿债的金融恐慌。1994 年初，墨西哥外汇储备尚有 280 亿美元，同年 11 月已降至 170 亿美元，而墨西哥政府至少需要 100 亿美元来兑付 1995 年第一季度到期的短期国债。1994 年 12 月 20 日，政府将比索兑美元汇率的浮动范围扩大到 15%，之后短短两天内外汇储备减少了 50 亿美元。同年 12 月 22 日，墨西哥被迫允许比索自由浮动，此后比索一路下跌，由贬值前的 1 美元兑 3.46 比索跌至 12 月 27 日的 1 美元兑 5.65 比索，跌幅高达 63%，墨西哥陷入自 1964 年来最严重的一次经济危机。1995 年，墨西哥国内生产总值下降 6%，通货膨胀率上升近 50%，比索兑美元的汇价跌幅超过 100%，大量中小企业倒闭，就业机会减少 150 万个。这次危机不仅对墨西哥经济发展造成灾难性影响，还波及拉美以及部分亚洲新兴市场和欧洲国家，造成大规模的股市震荡。

1994 年至 1995 年，美元加息引发了后续的东南亚金融危机以及俄罗斯、巴西货币危机的爆发。20 世纪 80 年代末至 90 年代初，受波斯湾战争、第三次石油危机、日本经济泡沫破裂、苏联解体等影响，美国经济表现低迷。而泰国、马来西亚、印度尼西亚、新加坡等国在此期间则实现了年均 10% 左右的高速增长，吸引了大量国际资本流入南亚地区，大量中短期外债进入房地产投资领域。泰国等国家房地产投机盛行，资产泡沫不断膨胀。在汇率政策方面，泰国等国在扩大金融自由化、取消资本管制的同时，仍然维持固定汇率制。20 世纪 90 年代中期开始，美国经济强劲复苏，美联储提高联邦基金利率以应对通货膨胀风险，美元步入升值周期，采取固定汇率制的南亚国家货币被迫升值，出口竞争力削弱，经常账户加速恶化。1997 年，泰铢、菲律宾比索、印度尼西亚盾、马来西亚令吉、韩元等先后成为国际投机资本的攻击对象，这些国家资本大量流出，被迫放弃固定汇率制，货币大幅贬值，股市受到重创，房地产泡沫破裂，银行呆坏账剧增，金融机构和企业大规模破产，许多新生的中产阶级一夜返贫。此后，除韩国等少数国家转型成功外，大多数东南亚经济体没有恢复到危机前的增长水平，部分经济体落入“中等收入陷阱”。1998 年的俄罗斯卢布危机和 1999 年的巴西货币危机与东南亚金融危机一脉相承。受到东南亚金融危机波及，国际投资者对新兴市场的可靠性产生怀疑，纷纷撤资避险，俄罗斯债市、股市一度濒临崩溃。1997 年 9 月，俄罗斯央行不得不放弃实施不到一年的卢布“汇率走廊”，8 月至 9 月期间卢布贬值达 70%。俄罗斯经济在挣扎出“休克疗法”后再次衰退，银行系统遭受重创，失业人数大幅上升，90% 以上的居民生活水平下降。1999 年 1 月，巴西放弃挂钩汇率制度，雷亚尔汇率在 3 周内贬值了 42.3%，资本外流速度加快。

1999 年至 2000 年，美元加息加剧了土耳其和阿根廷金融危机。2000 年 11 月，土耳其爆发银行业危机，外资撤离步伐加速，外汇储备消耗严重，2001 年 2 月，政府不得不放弃刚刚实行一年的固定汇率制，允许里拉自由浮动，引发货币危机。里拉兑美元汇价一天之内从 65 万 : 1 跌至 120 万 : 1，2001 年最低时一度达到 165 万 : 1。2001 年，土耳其经济增速从前一年的 6.8% 降至 5.7%，通货膨胀率高达 55%，50 万人失业。阿根廷由于实施货币局制度，随着美元走强比索汇率被高估。2001 年底，由于政府无力偿还 1300 多亿美元的外债，债务危机迅速演变为经济、政治、社会全面危机。2002 年 1 月，阿根廷比索贬值 40% 后自由浮动，2002 年上半年阿根廷比索贬值了 70%，甚至一度跌至 1 美元兑 4 比索的低点，通货膨胀率达 40%，失业率达 25%，GDP 负增长 16%，银行挤兑等现象屡见不鲜。到 2002 年中期，阿根廷的金融危机逐渐向周边扩散，巴西雷亚尔 7 个月内贬值 50%，乌拉圭由于无法抵挡挤兑狂潮，在 7 月宣布银行停业。

二、发展中国家因美元加息而金融崩盘有五方面共性特征

美元加息固然是一个重要的外在触发因素，但遭遇金融崩盘的发展中国家过高的宏观杠杆、庞大的外债规模、僵化的汇率制度、错误的调控政策以及“债务不耐”诅咒，才是造成这些国家金融系统脆弱的主要原因。

一是发展中国家过高的宏观杠杆率水平是爆发危机的重要内在因素。历次发展中国家金融危机爆发前，普遍出现了宏观杠杆率快速上涨，尤其是公共部门债务累积，以及银行过度借贷，甚至在外国贷款来源逐渐枯竭时，国内债务还会维持一段时期的爆发式增加。高度杠杆化的经济可能会在金融危机的边缘悄然运行很多年，直到外部环境的变化或者偶然性因素触发信心危机，例如，当国际资本流动形势发生逆转时，再融资成本迅速提高，在高杠杆背景下出现连续违约，最终导致金融危机的爆发。

二是庞大的短期美元外债规模以及有限的外汇储备规模，令发展中国家难以应对美元升值。根据世界银行的统计，在拉美爆发债务危机之前，1970—1982 年间拉美地区的外债总额由 212 亿美元攀升至 3287 亿美元，墨西哥、阿根廷等国外债余额占 GDP 比重超过 50%。亚洲金融危机爆发前的数年，泰国、印度尼西亚、菲律宾和马来西亚，其外债占 GDP 的比重也多在 50% 以上。此外，外债总额中的短期外债占比通常高达一半，各国外汇储备根本不足以应对即使是温和的美元升值。

三是僵化的汇率制度加之资本账户开放，增加了发展中国家金融系统的易攻击性。从 20 世纪 80 年代和 90 年代的危机中可以看到，维持固定汇率的国家在突发信心危机面前表现脆弱。固定汇率加之较高水平的资本账户开放，使得一国更容易遭受投机攻击，可能在一夜之间被迫放弃看似稳定长效的固定汇率制度，从而导致货币急速贬值，资本流入突然枯竭，资本流出速度加快。由于这些国家的财政和货币政策不足以支撑其维持固定汇率，因此，在遭受投机攻击后极易引发货币危机，正如克鲁格曼所说“汇率危机的爆发，常常根源于政府不愿采用维持固定汇率所需的财政和货币

政策”。

四是顺周期的财政政策和货币政策，使得发展中国家在遭受冲击时可用的政策工具和空间极为有限。这些金融崩盘的发展中国家的资本流入呈现明显的顺周期特征，即资本在宏观经济繁荣时期大量流入，而在经济衰退时期流入较少。资本流入的顺周期加强了这些国家宏观经济政策的顺周期，经济繁荣时实施扩张的财政和货币政策，大量举债用于发展缺乏比较优势的产业或提升社会福利水平，同时，宽松的货币环境推升了资产泡沫。进入经济衰退期后，一方面，依靠借债发展的产业陷入严重亏损，收入锐减，财政政策被迫收紧；另一方面，资产泡沫难以维持，福利支出由于刚性难以压缩，偿债负担大幅增加，从而爆发金融危机，这种顺周期的财政货币政策操作加剧了经济衰退。从历次危机事件看，多数发展中国家在遭遇外债违约后，通货膨胀通常会持续恶化。由于不能进入国际资本市场融资，同时收入大幅减少，不能相应控制支出的政府经常被迫提高通货膨胀水平，甚至不惜采取最极端的恶性通货膨胀形式。这样的政策操作，不仅没能防控风险、熨平波动，反而对金融危机的全面爆发起到了推波助澜的作用。

五是大量发展中国家遭受“债务不耐”诅咒，引发金融危机的债务阈值远低于发达国家。很多著名的外债违约案例显示，即使在较低的债务水平上，发展中国家也可能发生违约，甚至出现金融崩盘。例如，1982 年墨西哥债务危机发生时，债务与国民生产总值（GNP）之比为 47%；阿根廷 2001 年债务危机发生时，债务与 GNP 之比仅仅略高于 50%。从 20 世纪 70 年代以来的统计数据来看也符合这一规律，只有 16% 的债务危机中外债与 GNP 比率超过了 100%，而且一半以上的债务危机发生在债务与 GNP 比率低于 60% 的情况，约 20% 的债务危机甚至发生在债务与 GNP 比率低于 40% 的情况。与之相反，一些发达国家则成功实现了“债务升级”，债务安全阈值远高于发展中国家。造成这一差异的主要原因可能是制度、腐败、治理等软要素，这些因素通过经济增长、货币信用等渠道影响国际市场对一国未来前景的信心和预期，进而影响金融市场的稳定性。拉美债务危机和东南亚金融危机的重要内因之一就是产业缺乏竞争力以及结构调整迟缓，众多因素导致的“债务不耐”使得国际金融市场和外部冲击导致的负面作用在发展中国家身上被显著放大。

（执笔：曹玉瑾　李世刚）

篇二　美联储加息缩表趋势、影响和对策

（2018 年 4 月完成）

一、美联储加息缩表的情况

美联储从 2015 年底开始逐步调整货币政策。基准利率方面，美联储从 2008 年 12 月开始长期维持 0.25% 的低利率水平。2015 年 12 月美联储第一次加息，上调至 0.5%。之后分别于 2016 年 12 月、2017 年 3 月、2017 年 6 月、2017 年 12 月各上调 0.25% 的利率，目前基准利率达到 1.50%。资产负债表方面，美联储总资产从 2008 年的不到 1 万亿美元，通过三次扩表上升到 2015 年初的 4.5 万亿美元左右。之后两年都维持在这个水平左右。为了使得资产负债表正常化，从 2017 年 10 月开始，美联储宣布开始缩表操作。截至 2018 年 2 月，美联储总资产为 4.41 万亿美元。

对比之前的加息周期，此轮利率调整比较温和。1986 年 8 月—1989 年 2 月，基准利率从 6% 上升到 9.3%。1992 年 2 月—1995 年 2 月，从 3% 上升到 6%。2003 年 6 月—2006 年 5 月，从 1% 上升到 5.25%。之前的加息周期特点是：基本维持在 3 年左右；加息的幅度较大，3 年内可以达到 3 个百分点；且前半程上调缓慢，后半程上调迅速。而本轮加息周期，2015 年 12 月—2017 年 12 月，两年仅上调了 1.25 个百分点。

利率上调加速，缩表目前还在预期引导期。美联储的货币政策操作越来越倾向于预期引导，因此政策调整初期将有一段缓慢调整的预警期，之后才会大举调整。如以往的加息周期一样，此轮加息周期已经进入了加速期，2015 年、2016 年分别仅上调了 0.25%，2017 年则上调了 0.75%。2017 年 10 月开始的缩表到 2018 年 2 月也仅仅减少了 580 亿美元，仅占美联储总资产的 1.3%，因此目前缩表操作还处于预期引导期。

二、2018 年加息缩表的趋势分析

加息持续加速。从加息周期的阶段来看，2015—2016 年的加息预期引导期已经结束，2017—2018 年将是加息的加速期。从美国的经济数据来看，2017 年经济增长率为 2.3%，经济增长势头较好；2018 年 1 月美国居民价格消费指数（CPI）同比上涨 2.1%，环比上涨 0.5%，2017 年以来平均每月上涨 2.12%；1 月 PPI 环比上涨 1%，同比上涨 2.7%，在 2017 年 1 月至 2018 年 1 月的 12 个月间，生产价格指数（PPI）平均上涨了 2.5%，为 2014 年 8 月以来的最大涨幅；1 月新增非农就业人数初值为增加 20 万人，远高于市场预期的增加 18 万人，劳动参与率 62.7%，与前值持平。美国经济增

长强劲，物价普遍上涨，就业数据良好，因此美联储2018年三次加息可能性较大，四次加息也有可能。加息幅度也可能大于2017年。

缩表将逐步进入加速期。2017年10月以来的缩表，目前幅度较小，仅缩减了1.3%。预计2018年的缩表幅度虽不大，但有加速倾向，到2018年末资产规模缩减至4.1万亿美元，缩减额约占总资产的8%。2019年末美联储资产规模将缩减至约3.5万亿美元，缩减额占原有总资产的22%。2018年美联储加息和缩表操作叠加，将造成全球市场较大的波动。

三、美国加息缩表和税改叠加对全球的影响

美联储的加息缩表，以及特朗普的税改政策都将在2018年及以后产生更具有实质性的效果。因为美国是世界最大的经济体，也是世界金融中心和最大的避险资本聚集地，其货币政策和财政政策调整已经不能单独看成一个国家的独立事件，而应该理解为影响全球经济环境的重大变化。

一是金融市场波动加剧。美国股市、债市、房市上涨过快，泡沫化呈现，美联储加息缩表目的之一就是控制美国金融市场的泡沫。股市方面，美联储加息和缩表导致美国金融市场资金量减少，投资成本上升，美国股市在2月初出现戏剧性暴跌，道琼斯和标准普尔500指数在两天内分别跌去7%和6.1%。美国股市的波动也引发了全球股市的震荡，欧洲股市、日本股市、中国股市也分别出现下挫。2018年加息和缩表带来的影响将显著大于2017年，股市震荡的剧烈程度也可能增大。债市方面，历史表明，联邦基金利率对于美国国债利率具有很强的引导作用。加息和缩表以来，美国十年期国债利率已经从2017年10月份的2.3%迅速攀升到了2018年4月的2.9%左右，国债价格也不断下跌。因而美联储加息和缩表带来的金融市场影响有两方面，一是挤压金融市场的泡沫，造成美国金融市场乃至全球市场的震荡；二是通过高利率吸引国际资本回流美国。

二是短期资本逃离美国，长期资本向美国流动，欧洲可能有所反应。短期资本流动层面，在从紧的货币政策条件下，美国泡沫化将得到控制，短期投机资本将逃离美国，伺机进入欧洲和中国，造成美元的下跌，美元指数从2017年10月的94下跌到了2018年2月的89。欧元兑美元则从2017年的1.06上升至2018年4月的1.25。在长期资本流动层面，在美国加息和缩表的同时，欧洲和日本还处于宽松货币政策条件下，欧洲基准利率为0%，日本为-0.1%，不断上涨的美国-欧日利差将吸引欧洲和日本资本向美国流动。而发展中国家好不容易构筑起来的增长环境，很可能因美国加息带来的资本外流而发生危机。在美国构筑高利差和货币从紧的背景下，各大经济体的货币政策也可能发生调整。欧洲近来的经济增长企稳，为欧洲的货币政策转向创造了条件，在美国加息和缩表的刺激下，欧洲可能步美国后尘，提前结束宽松货币政策。

三是产业投资结构发生变化。美国资金利率不断上升，一方面挤压了金融市场的泡沫，另一方面也吸引了国际资本的流入。特朗普的减税计划又创造了良好的实体经济投

资的财税环境，从欧洲、日本和发展中国家流入美国的资金很可能投资于美国实体经济。这将使得美国产业投资结构发生变化，实体经济比重上升，金融投资比重下降，短期资本投资下降，长期资本投资上升，在控制金融风险的同时，夯实了美国经济增长的基础。

四、加息缩表对中国的影响

人民币汇率短期内上升，长期具有下降趋势。短期来看，美国缩表带来的预期影响效果巨大，投资于美国金融市场的资金开始撤离，将伺机涌入欧洲和中国套利，这使得人民币汇率产生升值压力，美元兑人民币从2017年上半年的6.9下降到2018年2月份的6.3。上涨的压力将使得国际投机资本进一步涌入套利，人民币上涨压力进一步增强。长期来看，美国加息和缩表导致美国和中国的利差缩小，中美十年期国债的利差已经从2017年11月的1.66%下降到了2018年2月的0.99%。利差不断缩小，并且结合特朗普税改的影响，投资于中国的长期资本将转移到美国，届时人民币可能有贬值压力。

短期资本涌入，长期资本外流，造成金融风险累积。短期投资资本的涌入，长期资本的外流美国，不但使得人民币汇率发生波动，而且由于短期投机资本投资于金融，而长期资本逃离实体，将造成金融风险的进一步积累。这种效应可能阻碍中国去杠杆和去泡沫的进程。

加息和税改损害中国外贸出口。美联储的货币政策转向，带来的人民币汇率波动上升，直接损害了中国的出口。另外，美国税改形成的有利企业投资环境，也将使得美国的制造业回流，进而减少对中国的出口依赖。

总的来看，美国加息和缩表结合税改政策，将短期投资资本挤压向中国，同时吸收投资于中国的长期资本，将造成中国人民币汇率短期上扬，长期下挫，贸易受损，金融风险增大。

五、政策建议

对于美联储在2018年进行的加息、缩表操作，叠加美国税改带来的巨大国际影响，中国政府应该采取以下措施：

适时适度进行货币政策调整。中美货币政策的协同性越来越强烈，美国加息和缩表导致中美国债利差不断缩小，如果美国进一步加息，中国不得不跟进加息，以保持一定的利差，维持国际资本流动的大局。此时的调整将是很被动的。中国的货币政策应该主动适时适度调整，减小货币政策宽松的力度。

重点在加强金融监管，提高金融服务实体效率。中国货币政策传导途径不同于美国，不必完全跟进美联储加息和缩表。如果贸然跟进美国货币政策，提高利率并缩表，中国金融体系的水没干，实体经济的水先干了。因此要加强金融监管，挤压金融杠杆，减少影子银行和银行的影子，提高金融资本服务实体经济的效率。

严控短期投机资本的冲击。短期投机资本一般通过虚假贸易等手段进入中国，需要进一步加强对于国际热钱流入的监管，防范由此带来的冲击。

进一步减税降费，打造良好企业投资环境。中国应该主动地进一步减税降费，同时营造良好的政商关系，鼓励长期投资，提振实体经济，提高中国经济增长的韧性。

（执笔：李世刚）

篇三　脱欧预期下的中欧经贸合作

（2017年11月完成）

一、英镑仍处波动区间，英国金融面临挑战

英国未来金融环境仍具不确定性。2017年11月2日，英格兰银行将基准利率从0.25%上调至0.5%，为2007年以来首次加息，表明英国正式进入加息通道。此次加息已在市场预期之内，且根据英格兰银行最新预测，到2020年基准利率只会上升到1%左右。如此温和的鸽派加息路径使得此次加息非但没有推高英镑汇率，反而使其应声下挫近1%。主要原因在于，近年来英国一直坚持的量化宽松政策对经济的刺激作用已很微弱，继续坚持反而会推高资产价格，形成泡沫。此外，抵消国内开始逐渐上升的通货膨胀率也是此次加息的动因之一。一方面，英格兰银行打出加息牌后，仍未阻止英镑汇率下跌趋势，可见"脱欧"等国际事件对英国金融的某种负面影响仍未消散。预期未来一段时间，英镑汇率仍将处于波动区间。另一方面，英国脱欧后，司法、关税、金融监管等一系列制度亟待重新建立或调整，预期英国金融监管将进一步趋紧，未来2—3年，英国整体金融形势仍具不确定性，由此带来的投资和贸易风险不容小觑。

二、伦敦金融中心地位可能受到一定程度冲击

长期以来，伦敦金融城（City of London）一直是和纽约华尔街并列的世界两大金融中心之一。这里有几百家银行、保险公司、贴现公司等金融服务机构，全球约4%的货币业务在伦敦交易。

作为世界上最大的外汇市场，伦敦每年外汇成交总额达到3万亿英镑。同时，伦敦还是最大的离岸美元市场，占全球离岸美元成交额的1/3以上。值得一提的是，伦敦金融城还形成了完善的"潜规则"——信用机制。在守信前提下，诚信者才可能受益，不诚信者会付出相当大的成本。诚信已成为从业者愿意共同维护的商业准则。这构筑了伦敦金融城坚实的商业基础。"脱欧"之后，英国整体金融环境发生一定程度的动荡。一是英镑汇率波动下跌，一度较2016年2月水平大幅下跌超过8%。二是英国国债价格上升，收益率下滑，曾较2016年2月水平下跌7个基点左右。英国财政部发布的2017年秋季财政预算报告认为，未来5年经济将处于低增长轨道。这种形势下，英国金融界虽然对伦敦将继续成为国际金融中心深信不疑，但也拿不出充分、有说服力的论证逻辑，某种程度显示出英国金融界对"脱欧"的模糊性乃至悲观预期。从

英国各阶层人士对“脱欧”仍然褒贬不一的实际情况看，“脱欧”正在加剧英国内部乃至欧盟自我认同的混乱感，不排除英国经历曲折复又回归融入欧盟的可能性。若英国顺利“脱欧”，一些著名银行有可能把总部搬迁到德国法兰克福或在其他国家另设分支机构；欧洲其他国家将进一步走向混乱，离心性行为可能渐次蔓延到西班牙、意大利、法国。

虽然保护主义倾向也在伦敦抬头，但英国金融竞争优势仍将长期存在。英国金融监管框架主要特点可以概括为两个方面，一是注重宏观管理和规则制定。英国金融监管相关法条众多、细致入微，法律框架体系和信用体系较为完善。英国政府对微观市场行为甚少直接干涉，金融市场参与机构在规则允许范围内可“各行其事”。二是注重事中事后监管。英国金融监管当局非常注重对市场相关行为的监督管理，且对市场变化跟进迅速。这仰仗于其拥有健全的法律制度和透明有效的司法程序，市场参与主体的行为一旦触及规则之外或违反相关规定，将会受到相应较为严重的处罚。“脱欧”之后，英国相关金融监管制度尤其是跨境金融监管将相应采取一定程度的调整。与英国金融专家们交流得知，英国金融监管将进一步趋紧，对银行业金融机构资本金和流动性的管理将继续趋严。为应对这种形势变化，英国本土银行在资本金、流动性以及贷款利率和期限的管理上将趋向保守，基础设施建设等长期贷款项目获取本土金融机构的支持难度加大。这为外资金融机构尤其是中资金融机构在相关方面拓展业务创造了有利条件。关于美国金融监管态势，与英国金融专家统一了看法。即舆论通常认为，美联储未来将会延续较为稳健的货币紧缩或货币正常化路径，但这并不意味着要彻底推翻国际金融危机之后的监管政策，美国并不是要违背巴塞尔协议Ⅲ，加强监管仍然是其大趋势、大概率。

三、英国营商环境具备优势但仍有优化空间

英国以其深厚的人才资源潜力、中介服务机构密集、法律制度完备以及伦敦世界金融中心地位等综合优势吸引了大量外资。经过几百年的发展，英国现代法制体系已臻完善，司法系统稳健有力，为公平、公正地解决法律纠纷提供了可靠框架；伦敦集中了众多律师事务所、会计师事务所、咨询机构、财务顾问等中介机构，可以为企业经营、融资、并购等行为提供切实的支持，并有着良好的商业信用作为支撑；英国是现代大学的发源地，有着近千年积淀的大学文化，剑桥、牛津等一大批世界级学府向市场提供着源源不断的人才储备。

通过实地走访及与英国各阶层的交流发现，虽然“脱欧”后伦敦金融中心的地位可能会受一定程度冲击，但上述基本优势不会发生太大变化。英国投资环境仍然具有不可替代性，包括对外开放和金融市场优势，英语具有世界语言的交流优势，英国地处格林尼治国际变更线与世界各国便捷开展国际合作的地理优势等。

同时，英国在吸引外资方面相对欧盟国家（法国、德国等）具有更大的开放度，不干预政策倾向明显，整体投资环境在欧洲乃至世界仍具有很强的竞争力。

近一个时期以来，“曹德旺”事件广受关注，某种程度上削弱了公众对于我国营商环境、营商成本的预期，但通过在英国较长时间的观察，一些细节上的比较使人们对于中国营商环境及其比较优势仍具信心。如，仅从城市公共交通成本看，伦敦地铁票价至少是北京的10倍，公交车票价至少是北京的6倍。从城市通讯基础设施看，伦敦市郊大都没有无线网络信号覆盖，城区信号也是时强时弱，而北京不少公交车内都有无线局域网（WIFI）信号覆盖。伦敦地铁通道狭窄、设施陈旧，地铁廊道内手机通讯时断时续，一旦发生突发事件，后果难以想象，而北京真正实现了无线网络无缝覆盖，每3个地铁车厢和每部公交车内均配备有一名专职安全员值班，市民公共交通的性价比和安全感远大于伦敦。

四、英国外商投资政策最新情况

特雷莎·梅在竞选纲领中承诺，将确保重要基础设施领域的外来投资不损害英国的安全利益。其上台后，相较前任政府，对中方投资态度相对谨慎。从英方介绍的情况看，政府对绿地投资方面的政策将保持一贯的开放态度，不会有太多变化。但是，围绕跨境并购行为，保护主义有抬头趋势，主要表现在两方面。一是限制跨境并购的领域，在高科技行业、英国北海油气开采等能源产业、涉及控制权的发电站等基础设施方面，都将可能采取更加严格的安全审查政策。这对境外公司并购行为将构成一定程度的壁垒。来自中国的大型投资项目面临重审和暂缓的可能性仍不可低估。二是拟出台针对跨境并购的相关法案，收紧对中国为主的外来投资审查。据与英国当地相关人士沟通，目前已草拟科技等行业相关管理管控法案，并提交议会通过。

五、中资企业在英国投资宜积极关注当地政策法律动态变动

近年来，我国资本加速走向世界，在全球范围内开辟投融资和产能合作机会。这对推进我国资本和企业国际化进程、获取国际先进技术和理念等发挥了重要作用。然而，在此过程中，也存在某些不理性的投资行为，引起投资目的地国的警惕和防范。

根据上述英国营商环境和金融监管方面的最新变化，中资企业在英国投资风险与机会并存，宜积极关注当地政策法律动态变动，避免因信息了解不全面而造成重大投资损失，减少因不理性投资引发英方关注或介入的可能性。一方面，由于吸引外资相关优势不变，英国仍将是世界上最有竞争力的投资地之一，中资企业在英国投资，尤其是绿地投资，仍将有一定机会；另一方面，未来我国企业在英国实施跨境并购时宜加强对英国政治和金融环境的考量，加强对当地政策、法律的了解以及变动情况的实时跟踪关注，加强与当地律师事务所、财务顾问等中介机构的合作。中资金融机构在更好服务中资企业对外投资的同时，需更加融入当地金融环境，增加本地雇员比例，缩小与世界传统大型金融机构的差距。

六、英方与我国合作意愿增强

为弥补“脱欧”后欧盟单一市场的损失，英方必将加强与欧盟外第三方的合作。这从某种程度上倾向有求于中国。同时，短期内美元的强势以及美国经济对世界其他主要经济体的影响加强，也使得英国有足够动力加强对华合作。

近期，英国一直在重申反对贸易保护主义，表明其有意继续扩大对外开放，吸引高水平外商投资，拟与欧盟以外其他经济体谈判商签新的投资贸易协定。同时，英国利用多种场合强调中英合作的互补性，希望与中国开展“一带一路”、基础设施、绿色金融、第三方市场等多领域合作。实地考察发现，英国金融界主流人士高度关注地缘政治风险，多次提及东北亚局势，其对朝核危机风险的重视程度甚至大于我国对于“脱欧”的关注，这超出了许多人的预料。同时，英国各界对我国国内形势及政策，尤其是外资相关政策跟踪研讨也非常敏锐及时，在伦敦期间，恰逢国家发展改革委公开发布《企业境外投资管理办法（征求意见稿）》，相关律所和金融机构皆就此提问和进行讨论，充分肯定中国在相关领域作出的积极努力。

“脱欧”在即，更多合作窗口有望打开，英国发展优势仍然存在，中英合作交流机遇广泛。宜未雨绸缪，充分发挥现有两国合作机制作用，开展一系列机制化的经贸投资安排，着力提升合作水平，积极谋划推进互利共赢。首先，注重发展战略对接，推动“一带一路”建设与英“北方增长中心”计划融合发展，落实基础设施、核电、高端制造业、教育科技等多个领域大型合作项目。其次，大力引导中小企业间的高科技并购。再次，积极拓展金融等现代服务业方面的合作，努力培育中资金融机构英国分支机构的发展，开辟第三方市场合作机缘，形成更多实质性合作内容。

在英国，还能深刻感受到，传统与现代、城市与田园、古典与时尚、科技与人文诸元素长期包容共生、和谐发展，很多城市治理思维和人文细节值得学习借鉴。这提示我们，在全球化时代，国家和政府既要对经济要素进行资源配置和组织运筹，也要重视对于历史传统、人文观念等无形资产的传承和运用。在经济外交进程中，推进文化外交和软实力建设同样不可或缺。因此，在财金对话、经济合作愈加广泛之际，人文互鉴的深度和广度也十分重要，宜继续深入推进人文交流，重视文化、人文和软实力建设，既要开展好经济合作，注重互惠互利，也要重视增进人文认同，使普通民众从国家之间的合作成果中分享更多“获得感”。

七、对完善我国债务融资管理的启示

英国是欧洲第一大债券市场，监管体系健全，市场容量大，产品形态发展成熟，与美国等国相比，主要特色在于：债券市场以批发市场为主；行业自律充分发挥作用；担保信用体系建设完善。借鉴英国等国债券融资管理的经验和做法，协调各监管部门的职能，逐步建立科学规范统一的债券监管体系，是发展我国债券市场所面临的重要任务。

改革开放以来，我国货币政策和金融监管制度立足国情，与国际标准接轨，探索构建宏观审慎政策框架，防控系统性风险冲击的能力增强。为进一步提高我国债券市场的市场化、规范化和法制化水平，深化推动债券市场监管方式的改革，宜根据国际通行规则和我国具体国情进一步完善债券市场监管体系和规则，在发行市场按照公共债、公司债、机构债和外国债分别制定发行规则，在交易市场不以交易方式制定共同的规则，以保证市场的统一和效率。既要在统一监管规则的基础上建立债券监管机构的高层协调机制，发挥各市场主管部门的合力，保证对债券市场的统一决策和有效执行，共同努力推动我国债券市场的发展，也可考虑把债券注册发行和监管的具体职能从现有各主管部门中独立出来，设立专门的债券监管职能机构。

在市场体系建设方面，宜重视银行间的场外债券市场发展，突破场外的银行间债券市场透明度不高、交易效率较低等问题限制，逐步完善与国际接轨的发行交易规则、信息披露和信用评级制度体系。同时，渐次培育功能完善的债券托管系统，为市场提供发行、登记、托管、结算、信息披露等在内的一体化服务，推动债券高效、安全的跨市场流动，提高债券市场定价的稳定性和有效性，实现境内市场对人民币资产定价权的掌控。在风险防控方面，宜进一步加强和规范地方债务管理，建立适合我国国情的科学、规范、高效、可预期、可预警、可干预的债务规模控制和风险预警机制体系。

值得一提的是，伦敦除了是国际金融中心外，还是世界上重要的仲裁地，受到各类交易主体的委托和信赖。这既源于英国法制体系完备、法律服务环境顺畅、法律人才密集，也因为绝大部分跨境交易是以英语为通用文本进行协商和起草的。这启示我们，在积极促进“一带一路”国际合作和跨境资本合作的进程中，应注意形成以汉语作为标准文本语言的法律法规和条文体系，并在西安、兰州以及新疆等重要节点开辟有特色的国际金融和商事仲裁中心。同时，培育面向“一带一路”沿线国家和周边毗邻区域的国际评级机构，将人民币债券市场作为国际化发展的重要目标，积极尝试推进评级业务与投资人服务等，打造在国际信用评级领域独特的话语权和竞争力，形成一批特色鲜明的信用评级机构，推动我国债券市场的国际化进程。

（执笔：王卓明）

篇四　向南输出“信息高铁”开辟国际产能合作新机缘

（2017 年 11 月完成）

作为国际互联网的骨架，海底光缆承载着 90% 以上的国际通信业务运行。海缆主权的多少，直接关联着大数据流向、云计算结果运用、跨国数据中心选址等新兴战略资源的配置，深刻影响国家信息通讯安全，成为大国必争领域。目前，受客观因素和复杂地缘环境影响，我国向南、向西海缆与各国直连带宽较窄，建设份额还比较低，在一定程度上制约了我国地缘战略和“一带一路”布局。特别是在近年来新加坡等区域国家积极启动海缆项目，谋求以光缆登陆点为优势建构区域数据中心乃至形成互联网“新马六甲咽喉”的预期之下，我国自主建设与中南半岛、印度尼西亚群岛直连海缆，做强“信息出海口”，乃至建构环亚洲“信息高铁”体系，显得尤为紧要。鉴于我国企业在信息通讯、云计算、网络安全等领域已拥有世界一流的技术实力，宜启动中国—泰国、中国—印度尼西亚直达海缆，以此为战略节点串联沿途国家；再由泰国向西延伸至印度半岛，由印度尼西亚向东覆盖太平洋地区，同步连接陆缆形成新月形闭环；后在区域内深度纵横，向非洲、拉美扩张，加深对我国战略区域的信息辐射力，保障我国洲际供应链流畅运行。

一、海底光缆建设滞后，影响我国在东盟地区竞争力

“十二五”以来，我国加速建设通往日、美等方向海缆，南向、西向海缆建设布局不足，致信息出海受阻。东南亚、南太平洋各国与我国直连带宽很小，其中孟加拉国、柬埔寨、斯里兰卡、尼泊尔、印度尼西亚、马来西亚、澳大利亚等没有与我国内地直联的带宽，需要经过欧美、新加坡、中国香港等地中转。

稀缺的海缆专线带宽导致信息流通成本高昂，一定程度上稀释了我国企业借“互联网 +”“一带一路”走出去的政策红利。例如，我国至欧美、日、新专线月租费以 Mbps 单位计算仅几十美元，而到尼泊尔则超过 1000 美元，孟加拉国、缅甸甚至超过 2500 美元。以华为为例，在缅甸需要 500Mbps 带宽，每月专线宽带费就达 140 万美元。2015 年，腾讯曾考察在泰国建立数据中心，终因直连带宽有限、通讯费用高昂，将服务器放到了新加坡。

物理连接容量不足将严重影响我国对东盟区域的辐射能力及影响力。东盟各国已相继出台信息通讯技术（ICT）发展规划，如泰国国家宽带战略、数字孟加拉 2021 战略、柬埔寨 ICT2020 规划、缅甸国家 ICT 规划等。预计未来 5 年，将新增 6.5 亿户移动互联网用户和

2000万户固定宽带用户。到2020年，总流量增长超过10倍，将释放巨大创新机会和市场空间。东盟等新兴市场将成为欧洲、日韩等与我国信息产业短兵相接之地。已经有一些国家元首多次表示，期待并欢迎中国方案引领转型。但物理连接容量不足，将使我国基于互联网的创新优势陷入"上受制于数据，下受制于应用"的不利局面。随着4G、5G业务的兴起和更多高带宽应用的普及，直通带宽不足的矛盾将更加突出，我国地缘区位临近和"互联网+产业圈层"两大优势将被包括光缆在内的硬件投入不足的劣势所稀释。

二、东盟主要国家正在竞相布局海底光缆

早在20世纪80年代，新加坡政府就超前布局建设海缆，提出ICT战略；2003年，又提出将新加坡建设为区域ICT互联中心。过去10年是新加坡海底光缆建设投资的高峰期，2001—2016年参与建设投产20条以上；2017年预计建设投产2条；2018—2020年还将参与建设3—5条。目前，东盟区域通往世界各个方向的海缆几乎全部经由新加坡中转，而且绝大多数都由新加坡参与建设。通过政策稳定支持、运营商大力投资，新加坡全面推进海底光缆、数据中心和国家宽带建设，逐渐占据了东盟ICT互联的关键位置，构建了一个约1000亿新元的ICT市场，且每年保持12%的增长。与东盟国家国际带宽平均1Tbps左右的水平相比，新加坡2015年的国际互联流量达到12.76Tbps。谷歌、微软、亚马逊等重要互联网内容提供商的东南亚数据中心均建设在该国。由新方主导的"互联网马六甲咽喉"已经初步形成，挟国际通讯关口，影响地缘政治。同样占据地缘优势的印度尼西亚，拥有17500多个岛屿，对海缆依存度极高。然而由于缺乏统一规划、行动较晚，目前近六成的带宽要通过新加坡才能"出海"，严重制约这个拥有2.48亿人口、占东盟60%经济总量的国家ICT产业的发展和信息安全。新加坡对海缆的抢占，事实上也压缩了各国通往我国的带宽份额。例如，在印度尼西亚国际带宽出口中，到中国的带宽占20.64%，到新加坡的带宽占58.02%，接近中国的3倍。印度国际带宽出口中，到中国的带宽占比仅为3.09%，到新加坡的带宽占29.04%，接近中国的10倍。

新加坡一家独大的状况已经引起区域国家的连锁反应，相关国家开始注意加紧区域ICT布局。泰国政府提出区域ICT中心战略，并借助打通其南部与马来西亚邻近部分陆缆通道，实现海缆经由泰国湾去往缅甸海、孟加拉湾的快速贯通。这为我国南向海缆建设带来机遇，既可以大幅缩减建设距离，又能获得新的登陆点，绕开咽喉封锁，避免在物理路由上对单点形成过度依赖。此外，印度尼西亚等东南亚区域内相关政府和运营商对海缆建设也有较强烈诉求，与我国的"一带一路"倡议高度匹配。

三、海底光缆建设有助于我国产业结构升级、产能输出和软实力覆盖

面向未来，海缆建设只是我国从全球角度运筹要素配置和拓展供应链体系的一个缩影。近年来，我国着力借助互联网、物联网、信息高速公路和物流基础设施禀赋与中国

制造传统优势的融通整合，打通洲际陆上经济走廊，从根本上消解来自东向海洋彼岸的新竞争优势；在中观层次以物流基础设施合作为契机延伸我国传统产业和跨国供应链，对内为优质产能开辟输出渠道，将中西部广袤地域纳入洲际共同市场；对外以属地本土化合作的形式规避欧盟地区的商业壁垒，推动产业体系、商品和产业工人渐次国际化，并扎实培育一批现代企业家群体，将当代公众塑造为有远见的世界公民。

在东南亚和南太平洋地区，我国产能输出“高低并行”。一方面，电子、服装、轻工制造等低附加值产业加速向东南亚、南太平洋等地区转移，缓解我国经济结构升级、环境承载力不足等问题；另一方面，ICT 和互联网等高附加值产业在该区域迅速扩张，市场份额和收益不断上扬，边际效应递增，较传统产能输出更加迅速、隐蔽，反促国内调结构的效用更加明显。长远看，应从拓展洲际供应链高度加紧海底光缆建设布局，保障通讯基础设施安全性和传播渠道主动权。

产业方面，通讯海缆建设施工难度大、技术含量高、对产业链要求十分完整，是国际通讯工程领域“皇冠上的明珠”。在通讯技术短期难以质变的前提下，该需求长期看好，是引导我国通讯技术全产业链优化升级的重要支撑。在印度尼西亚，海缆建设不仅拉动了 ICT 行业发展，还催生了本地行业投资、船舶运输、专用工具、水下机器人等发展。海缆工程的增加，还将推动相关法律完善和行业标准的制定，产生更加开放、多元的投资和运作模式，带动资本和产能的输出。

管道方面，以海缆牵引中国运营商在东南亚和南太平洋布局，聚焦“信息高速公路”和“收费站”的建设，可大大降低国际化风险。东南亚、南太平洋国家腐败高发、政局不稳，对于我国运营商而言，无论是以购买还是持股方式参与海缆建设，都存在相当大的风险，造成在海外业务运营困难。在“一带一路”政策的支持下，以我国为主，加强沿线国家基础设施建设，保证了我国南向信息高速公路的自主权。我国企业在海缆通信网络建设方面积累了丰富经验，拥有较高的技术优势和可靠的质量保证，使电信企业更容易走出去，实现主动布局，快速“跑马圈地”。

内容方面，借直连海缆出海，以内容、数据优势占领东南亚市场是我国互联网企业由大变强、构建互联网世界新秩序的先手棋。内容源是东南亚各国要成为区域 ICT 中心、数据中心必将争夺的核心资源。腾讯、百度、搜狐等著名互联网企业，以其完整的内容生态系统和海量用户数据的汇聚能力，具备助力泰国、印度尼西亚等国与新加坡抗衡，成为东盟 ICT 中心、数据中心的能力。泰国、印度尼西亚数据中心的设立，可以与中国香港资源并行、备份，大大促动当地用户流量和带宽增长、改善海内外用户体验差别明显问题、降低跨国网络结算费用，符合我国企业与谷歌、脸书、亚马逊争夺新兴市场用户、主动走出去、由大变强的战略选择。

影响力方面，东南亚各国人口结构低龄化，借助直连海缆带来的互联速度大幅提升，新兴应用和内容将加大我国文化输出。东南亚区域内 17 亿人口中，30 岁以下年轻人口 9.6 亿，约占区域总人口的56%，价值观深受移动互联网影响，生活方式随着手机应用的潮流而变。在泰国、越南、缅甸等地，电商刚刚起步，外卖服务、移动支付、快递业等方兴未艾，视频内容媒体蓄势待发，移动互联网衍生的创新创业热潮处于萌芽状态，新商业模式有待发掘。在一些国家，如何满足年轻人对互联网诉求，对执政党而言直接意味着选票，如柬埔寨等与中国亲近国家希望能有中国互联网平台进入，摆脱欧美操控网络舆论和意识形态的局面。这些都将是我国经济输出、文化输出的潜在机会。

四、怎样布局南向海底光缆

建设“信息丝绸之路”和东盟各国ICT行业加速发展对带宽的需求，最终都将体现在对海缆网络带宽和通达性的诉求上。考虑到地缘政治、经济水平、主权份额等因素，我国南向海缆建设可优先瞄准泰国、印度尼西亚两点，与深港互为依托，削弱新加坡当前地位，实现自主海缆快速扩张。具体可分为三步走：

一是建设连接中国—泰国、中国—印度尼西亚的直达海缆。泰国方向，登陆泰南部宋卡，沿途覆盖越南、柬埔寨，与泰国湾—缅甸海陆缆通道连接，对接我国正在建设的西进海缆SeaMeWe5，改变该向海缆几乎必经马六甲海峡的局面。印度尼西亚方向，直连海缆将使两个人口大国互通，沿途覆盖菲律宾、马来西亚、新加坡。作为南太平洋方向新的信息出海口，将增强我国辐射力度，降低企业投资风险。

二是海、陆缆并行，实现对中南半岛的广覆盖，加强对南太平洋岛国辐射。海缆部分，通过泰国出口，实现对缅甸、巴基斯坦、孟加拉国、印度、斯里兰卡的广覆盖。进一步打通中国到欧洲和非洲的信息链路，形成完整的亚太信息链。陆缆部分可以考虑两种方案，一种是通过运营商之间的链路置换，完成中国对缅甸和老挝的区域覆盖，进而延伸到泰国（时间短，带宽小）。另一种是依靠中老泰铁路的建设，形成第三条链路（带宽大，时间长），从而实现海陆缆成环保护。长远看建议以后者为主、前者为辅，注重与沿海港口的基础设施衔接，形成海陆缆一体化，区域密级覆盖。由印度尼西亚向东延伸，深度参与南太平洋岛国的海缆互联。

三是海缆深度覆盖，增强我国在东南亚、南太平洋区域信息中心的实际地位。纵横深耕覆盖区域并向非洲、拉美等方向延伸，有效提升我国与我国战略区域信息往来。泰国、印度尼西亚在区域信息中心的地位将得到提高，我国有望成为该区域跨国通信基础设施的主要控制者。

（执笔：王卓明）

篇五　中国对中东欧投资的机遇与挑战

（2017 年 5 月完成）

一、中东欧地区简况

中东欧地处欧洲中心，包括 16 个国家（其中包含 11 个欧盟成员国，5 个欧元区国家），面积超过 130 万平方公里，人口达 1.22 亿，人均 GDP1.1 万美元。在“一带一路”沿线 65 国中，中东欧国家占近四分之一，发挥着区域性的支点作用。2016 年，中东欧 16 国 GDP 总额为 1.38 万亿美元，占欧盟的 9.3%，全球的 1.8%，增长 1.8%，已基本摆脱国际金融危机阴影，整体处于稳步复苏通道，是欧盟内经济增长最快的区域。其中不乏波兰、捷克等连续几年领跑欧盟经济的后起之秀。2016 年，习近平总书记两度出访中东欧，并作出“希望与中东欧国家共同秉持互尊互助、互利共赢、开放包容精神，实现中国 - 中东欧国家合作同‘一带一路’建设和中欧关系发展对接，为地区和世界发展做出贡献”的重要指示。

从地缘条件看，中东欧位于欧洲腹地，区位优势明显，是全球新兴市场的重要板块。作为欧亚大陆经济带的重要组成部分，中东欧处于欧盟一体化市场和俄罗斯中亚地区的结合部，是“丝绸之路经济带”向西延伸的必经之路。从经济发展看，相比西欧市场，中东欧具有经济活力强、劳动成本低、市场潜力大的优势。相比俄罗斯、中亚地区，中东欧产业升级、经济转型早，已建立起较为完善的市场机制、法律架构、生产要素配置体系，市场发育更成熟，产品竞争力更强，劳动力素质更高。中东欧国家普遍对出口（占 GDP60%—80%）和外资依赖程度高，政策较为优惠，是全球跨国企业设立外包中心和地区总部的热门选择。从产业结构来看，中东欧各国产业分布多元化，在资源、技术和管理等方面各具独特优势，拥有一些“拳头产业”。比如，捷克的机械制造业、匈牙利的汽车制造业、保加利亚的农业，均是所在国的支柱产业，也具有较高的外部市场竞争力。

二、中国对中东欧投资合作现状

2011 年，中国和中东欧地区建立了“1 + 16”领导人会晤机制，至今已举办六届。“1 + 16”是继上海合作组织之后，中国提出以多边化框架为基础进行国际经贸合作所做出的新尝试。六年来，中国和中东欧国家的政治、经济、人文全方位关系得到了大踏步提升。2016 年，双方贸易总额达到 586.5 亿美元，中国是大多数中东欧国家在欧洲以外最大的贸易伙伴。

据商务部统计，截至目前中国对中东欧的直接投资已经超过 80 亿美元，投资领域涉及基础设施建设、装备、通讯、新能源、农业等诸多领域。虽然相比“老欧洲”国家，中国对中东欧投资仍处于起步阶段，仅占我国全球境外投资存量约6%，但已呈现出一定特点：一是注重投资布局的整体性。现有项目大多通过绿地投资、并购、合资等方式将自有生产模式落地中东欧，以此为中心辐射欧盟、俄罗斯、中东、北非市场，立足将产品生产和技术标准“欧洲化”，规避反倾销、反补贴审查，实现产品在欧洲市场生产、销售的区域内循环和升级。二是投资产业特色鲜明。目前，中国在中东欧投资基本利用中国的技术、管理、生产成本比较优势及长期的先发优势，结合中东欧国家产业特点和实际需求因地制宜地开展。如广西柳工斥资 3. 35 亿元并购波兰最大工程机械公司 HSW 工程机械事业部；天津农垦在保加利亚租赁农场开展生产，成为我国在中东欧“农业走出去”第一例。迄今为止，我国对中东欧最大的成功投资案例为烟台万华实业集团斥资 12. 63 亿欧元收购匈牙利宝思德化工项目，通过五年的整合，公司不仅扭亏为盈，还以宝思德化工为核心建成“国家级境外经贸合作区”，吸引上下游企业入驻投资，打造以化工制造为主导的全产业链，对当地社会发展产生深远影响。三是金融机构与中资企业“抱团出海”。多家中资银行已经在波兰、捷克、匈牙利、塞尔维亚等国设立分支机构，中国人民银行与匈牙利、阿尔巴尼亚、塞尔维亚等国签署了货币互换协议，开展人民币清算业务。中国已于 2015 年正式加入了欧洲复兴银行，为我国开拓中东欧投资市场提供了良好保障。

三、中国对中东欧投资的机遇和风险

（一）投资中东欧的机遇

从合作条件看，中东欧国家大多为最早承认中华人民共和国的传统友好国家，政治互信强，在“1 +16”机制的推动下，中国 - 中东欧关系正处于历史最佳时期。中东欧国家总体法制健全、政局稳定、政治与经济安全系数较高，同时又都处于经济发展的上升期和市场需求的扩大期，在“一带一路”建设的沿线国家整体运营风险评估中属低风险、宜投资地区。近年来，受欧洲债务危机影响，西欧发达国家自顾不暇，在中东欧的投资呈退出趋势，为外部的投资介入提供了空间，是我国难得的“窗口期”。

从地缘优势看，中东欧是我国企业进入欧洲的天然“门户”，可成为中国企业投资欧盟市场的重要“试水区”、我国企业在海外实现产业升级和价值链延伸的良好平台。中东欧大多国家属于欧盟一体化市场的组成部分，相比成熟的发达国家市场，仍是我国企业成长适应、积累欧盟项目经验和施工先例的“浅水区”，可起到中国企业进入欧盟的桥头堡作用。五个未入盟国家则没有欧盟相关监管的限制，在基础设施等领域合作具备相当的灵活性。

从市场现状看，中东欧地区的直接投资与资本市场还处在发展的初期。据欧洲的私募和风投企业协会统计，2015 年，中东欧地区的股权及风险投资的整体规模约 16 亿欧元，以中东欧为主要投向的基金募集规模不足 5 亿欧元。当地多边金融机构能够发挥的作用有限，以欧洲复兴银行、欧洲投资银行为例，每年仅能提供少量的股权投资，这既是制约中东欧快速发展的关键问题，也是市场开发的潜力所在。

（二）投资中东欧的风险

一是内部发展差距大。16 个中东欧国家之间虽有一定共同特征，但其内部经济、社会、营商环境差距明显，人均 GDP 最高的斯洛文尼亚（2016 年为 21321 美元）是最低的阿尔巴尼亚（2016 年为 4444 美元）的近 5 倍。整体上看，中东欧国家营商环境表现出社会、政治环境好，投融资、宏观经济环境较好，但金融、贸易环境、基础设施以及创新能力不足的特点。其中，波兰、捷克、匈牙利三国营商环境在中东欧地区保持领先，其他国家相对落后（见图 1）。

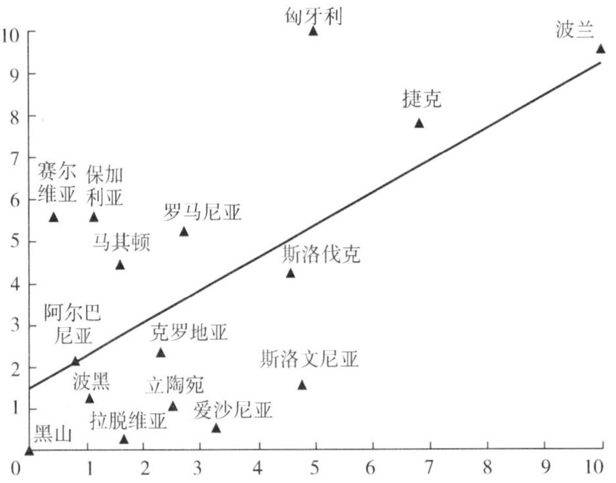

图 1　中东欧 16 国营商环境比较

注：根据 2016 年中东欧各国营商环境指数计算结果，把各国营商环境指数置于 x 轴，根据 2016 年中国与中东欧各国双边合作指数计算结果，把中国与中东欧各国双边合作指数置于 y 轴，描绘坐标图。

二是准入门槛较高。中东欧是我国企业“实战经验”较为缺乏的投资市场，相比亚非拉，中东欧国家市场化程度高，法律监管体系繁复，环保、工会组织影响力大，无论是开展投资活动还是获取融资支持，都面临着更高的市场准入门槛。其政治、经济、社会、文化、语言环境非常多元，部分国家腐败现象较为严重，对我国投资者提出了诸多挑战。中国基础设施建设中东欧第一标——中海外波兰 A2 高速公路项目的失败，就充分暴露了我国企业进军欧洲自身准备不足，对当地市场成本、风险缺乏了解。

三是欧盟因素不容忽视。中东欧向来是大国角力的焦点区域，两次世界大战都在此爆发。中东欧是欧盟，尤其是德国的传统“势力范围”，“欧盟结构与投资基金”的分配是中东欧各国主要财政收入来源，直接影响着中东欧国家经济发展速度，中东欧国家支柱行业几乎都被西欧投资者垄断。中东欧主要国家入盟 13 年来，经历了经济、政治和社会的深刻转型，他们普遍对入盟以来取得的成就持积极立场，对欧盟有着高度认同。虽然在欧洲债务危机、难民危机和英国脱欧等因素冲击下，欧盟向心力有所减弱，但欧盟对中东欧无论是硬性制度约束还是软性趋同压力都不容小觑。

四、投资中东欧的相关建议

（一）重点可投资领域

一是基础设施建设。中东欧连接欧亚市场，枢纽功能显著，但普遍基础设施老旧，交通网络不健全，缺乏经验、技术和资金。通过交通基础设施建设改造升级、互联互通，可充分挖掘该地区作为欧亚大陆物流通道的发展潜力。李克强总理在中国－中东欧经贸论坛上表示“中东欧不少国家具有港口优势，将港口与铁路、公路等交通干线连接起来，可以形成巨大的物流网络，有力扩大贸易规模，各国企业可以深度参与”。目前，已实现良好开局的“一带一路”旗舰项目匈塞铁路是“中欧陆海快线”的重要组成部分，如成功实施，将成为中国在欧盟建设基础设施的第一例，战略意义重大。

二是国际产能合作。中东欧面临工业体系、产业结构调整、基础设施升级压力，而中国具备大量的富余产能输出需求，工程建设和综合配套能力较强。推动中国装备在中东欧“走出去”接受国际市场竞争和检验的同时也帮助了中东欧国家升级基础设施，改善民生，实现双赢。中国参与的波黑斯坦那里火电站、塞尔维亚科斯托拉茨电站一期改造等项目已在产能合作领域探索了成功道路。

三是优势产业投资。中东欧经历了经济转型的阵痛，已经迈入了新兴市场的行业，大力吸引外资，积极发展外向型经济，在机械制造、清洁能源、电子通信、农业生产等领域，具备明显传统产业优势，并呈现增量市场的特征，具备利于产业、资本双向流动良好环境。

（二）具体合作建议

一是以点带面，逐步铺开。由于中东欧地区内部发展不均衡，中国开拓中东欧市场不能追求一步到位，宜着重选择投资环境较稳定、综合指标较均衡的国家作为重点合作对象，因地制宜地发掘可行项目，避免急于求成、急功近利。

二是做足功课，警惕风险。对政治、法律、商业等潜在风险进行细致评估、调研，调动当地资源，充分掌握目的国和欧盟市场规则与营商规范，对投资目标的区域和产业形成深刻认识的基础上，找准切入点，最大限度地挖掘投资价值，实现优势整合。同时，推动我国金融机构、保险机构、法律咨询机构“保驾护航”，起到风险缓释和投资优化助力作用，为我国企业扎根中东欧谋篇布局。

三是着眼长远，深耕当地。中国和欧洲的文化差异大，欧洲社会不乏对华的猜忌和隔阂，在我国并购当地企业的过程中，无论是当地社会还是企业本地员工在文化和情感上对我国的接纳度远低于欧美投资者，在文化输出凝聚人心的同时，须充分考虑当地就业，回馈社会，从实现共赢、助力当地发展的角度开展投资合作。

四是争取欧盟，互利共赢。我国开展对中东欧合作的同时，宜向欧盟表达合作共赢的诚意，避免中国 – 中东欧合作“政治化”，注重合作实效性和示范性，并积极探索和创新合作形式，探讨与欧盟在中东欧开展第三方合作的可能性，消除疑虑，争取良好的外部环境。

（执笔：孟笛遥）

篇六　我国利用外商直接投资趋势分析和政策建议

（2017 年 5 月完成）

跨国直接投资作为国际经济活动最活跃的因素之一，深刻影响着全球产业布局和经济格局。全面了解跨国直接投资变化和态势，深刻认识我国利用外商直接投资的特征和规律，对于科学施策，提高利用外商直接投资水平，发展开放型经济，具有重要意义。

一、全球跨国直接投资动态变化分析

（一）全球跨国直接投资呈周期性上升趋势

联合国易和发展会议发布的《世界投资报告》显示，1970 年以来，全球跨国直接投资规模总体呈周期性上升趋势，目前进入平稳增长期。有三个特征值得关注：第一，增长性。从 1986 年开始，全球 FDI 规模快速增长，直至 2007 年到达顶峰，年均增幅达到 15.8%。金融危机之后虽有小幅下降，但 2015 年的 FDI 规模依然接近 1.8 万亿美元，体量庞大。第二，周期性。虽然全球 FDI 呈现总体上升趋势，但有明显的周期性特征。1986 年以来，按波峰 - 波峰法进行统计，全球 FDI 共经历了三个周期：1990—2000 年，2000—2007 年和 2007—2015 年，即周期长度约为 8—9 年。第三，平台期。从 2007 年开始，全球 FDI 在经历了前一阶段指数式增长后，增长速度下降，进入相对平稳期（见图 1）。

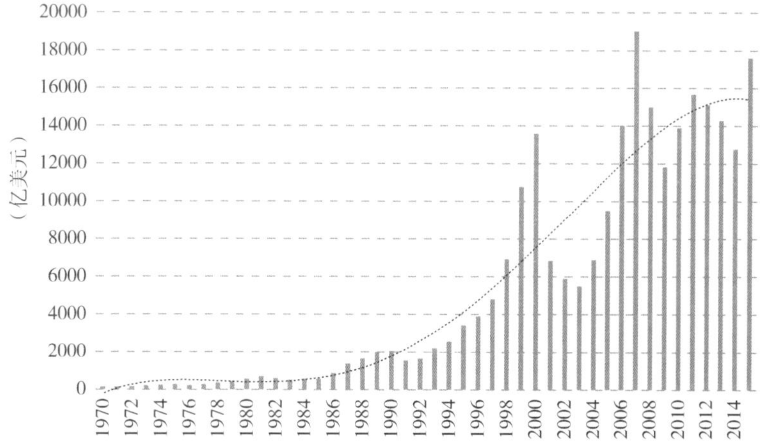

图 1　1970—2015 年全球跨国直接投资规模

（二）全球跨国直接投资区域结构变化

全球跨国直接投资在世界各地区的分布不平衡，市场规模大、经济增长快的地区是全球 FDI 流入的主要目的地。20 世纪 70 年代和 80 年代，美、欧、日本、亚洲四小龙是外资流入的主要地区。20 世纪 90 年代，美、欧经济繁荣，亚洲新兴经济体经济高速增长，跨国直接投资呈指数式增长，发达国家和地区依然保持绝对优势。21 世纪前 10 年，在欧洲经济增长放缓，美国互联网泡沫破裂，发达国家跨国 FDI 资本流入下滑明显。亚洲和新兴经济体 FDI 流入大幅增长，全球跨国直接投资呈“东升西降”趋势，区域格局发生重大变化。2010 年以后，美国率先从金融危机中复苏，欧洲经济复苏乏力，东亚、东南亚、南亚经济实现中高速增长，FDI 流入美国、亚洲的增速较快（见图 2）。

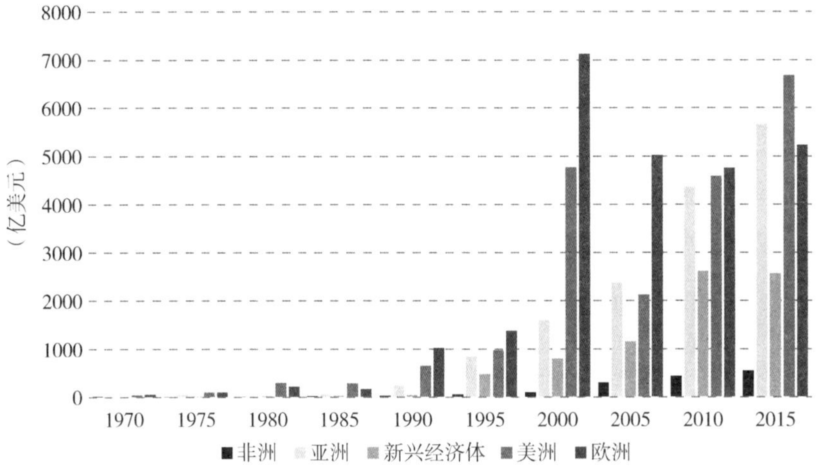

图 2　1970—2015 年全球 FDI 流入规模

（三）全球跨国投资产业结构变化

世界各国的经济增长规律表明，随着社会生产力的发展，国民经济的中心将依次从农业部门转向工业部门，再转向服务业部门。然而，全球跨国直接投资在第三产业的占比并不是持续上升的，而是呈现一定的短周期波动。根据联合国贸易和发展会议的统计和估计数据，2004—2007 年，全球跨国直接投资第三产业占比维持在高于 60% 的水平；2007—2011 年，比例逐渐下降至 40% 左右；2012—2015 年，在经历了一个小高峰后，又下降至 42% 的低位；2016 年重新反弹至 62%（并购投资数据）（见图 3）。

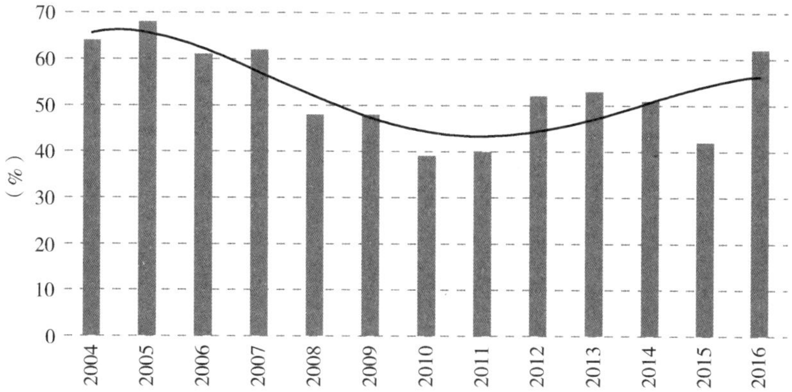

图 3　2004—2016 年全球跨国直接投资中第三产业占比

二、我国利用外商直接投资情况、变化和特征

（一）我国外商直接投资规模进入平台期

根据我国外商直接投资统计，20 世纪 90 年代以来，我国利用外资总体保持稳定势头，呈现阶段性的特征，大致可以分为三个阶段：1990—1997 年的起步阶段，1998—2007 年的高速增长阶段，以及 2008 年至今的平稳增长阶段。目前进入一个新平台期（见图 4）。

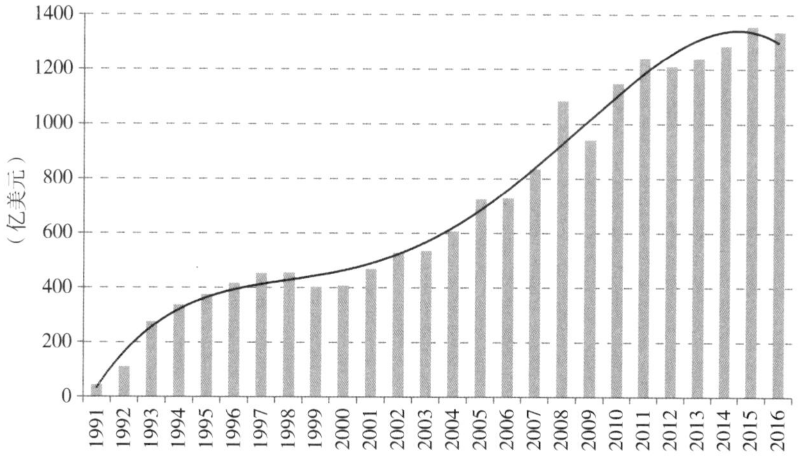

图 4　1991—2016 年我国利用外商直接投资规模

（二）我国对外开放程度的变化

改革开放以来，特别是2001年我国正式加入WTO以来，我国对外开放水平不断提高。经济合作与发展组织（OECD）采用外国直接投资限制指数评估60多个国家对外开放程度，OECD公布的我国的FDI限制指数变化与我国《外商投资产业指导目录》修订进程基本一致。自1997年以来，我国对外商直接投资的限制呈现阶梯性下降趋势：1997—2003年，FDI限制指数超过0.5，我国开放程度总体较低；2004—2014年，限制指数略高于0.4，与前一阶段相比下降明显且较为稳定；2015至今，我国根本上改革了外商投资管理制度，发布了2015年版《外商投资产业指导目录》，限制指数再次下降，至2016年已降至0.33（见图5）。

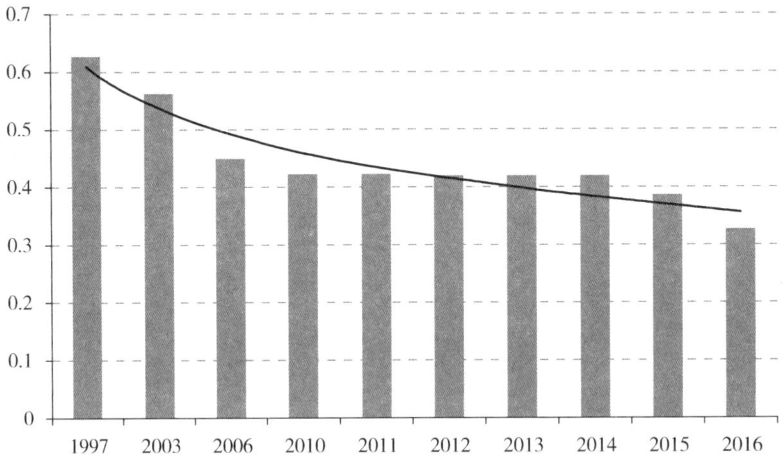

图5　1997—2016年OECD公布的我国的FDI限制指数变化

（三）我国外商直接投资产业结构变化

20世纪90年代，外商主要投资工业领域，房地产和服务行业快速增长。2000年以来，我国外商直接投资在第三产业的比例整体呈现稳定上升趋势，特别是2005年以来，其比例从37%逐步上升至2016年的69%，占比提高了将近一倍。这一阶段，我国服务业快速发展，对外商投资房地产等服务业的开放程度明显提升。

（四）我国营商环境的变化

从世界银行《营商环境报告》排名看，我国的营商环境排名整体呈现上升态势，客观反映了我国的营商环境的改善。同时也要看到，从2006年我国营商环境排名首次进入前100名以来，2007—2014年，我国营商环境始终维持在80—100名的区间，总体上提升幅度不大。近两年我国排名上升较快，2016年首次进入前80名（见图6）。

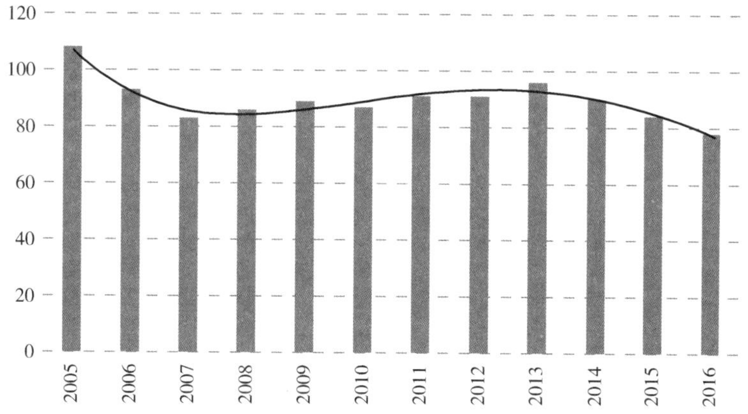

图 6　2005—2016 年世界银行评估的我国营商环境排名

三、我国利用外商直接投资模型和基本结论

借鉴邓宁提出的国际直接投资折衷主义理论，本文尝试构建我国 FDI 模型。总的考虑是，我国 FDI 主要受国际和国内两方面的影响。国际因素方面，包括全球 FDI 规模、投资结构，反映全球资本流动和产业转移。国内因素方面，包括国内市场规模、对外开放程度、引资结构、营商环境等，反映我国引资条件和内部结构。

（一）我国外商直接投资模型

（1）因变量：Y——我国利用外商直接投资（以 FDI 表示）。

（2）自变量：X1——我国市场规模（以 GDP 表示），X2——我国对外开放程度（以 OECD 的 FDI 限制指数表示，部分年份缺失数据根据《外商投资产业指导目录》修订情况进行调整），X3——我国营商环境（以世界银行营商环境排名表示，限于部分年份空缺，故时间长度为 2005—2016 年），X4——我国利用外商直接投资结构（以第三产业利用外资占比表示），X5——全球跨国投资规模（以全球 FDI 流入规模表示），X6——全球跨国投资结构（以全球跨国直接投资第三产业占比表示，时间长度为 2004—2016 年）。

为避免各变量存在高度相关而影响最终的回归结果，本文先进行各变量之间的相关性分析，主要结论是：①Y（我国 FDI）、X1（GDP）和 X5（全球 FDI）存在较高的相关性；②X2（FDI 限制指数）对 Y（我国 FDI）有负向影响作用，即我国开放程度越高，FDI 的流量越大；③X6（全球 FDI 结构）与 Y（我国 FDI）存在负相关关系，即全球跨国投资第三产业占比越高，我国的外商直接投资金额越少，符合我国利用外资长期以制造业为主的现实。

基于相关性分析，本文建立了四个模型：第一个模型包括所有变量，但限于我国营商环境排名仅有 2005 年以后的数据，故使用的数据长度为 2005—2016 年。第二个模型剔除难以符合连续变量定义的 X3（营商环境排名）和与其他变量高度相关的 X4（我国 FDI 结构）。第三个模型仅使用 X1（GDP）和 X4（我国 FDI 结构）。第四个模型仅使用 X2（FDI 限制指数）和 X5（全球 FDI）。需说明的是，本文使用的是双对数的线性模型，系数可以直接用作弹性解释（见表 1）。

表 1　外商直接投资模型回归结果

变量	模型 1（2005—2016）		模型 2（2005—2017）		模型 3（2000—2016）		模型 4（2000—2016）	
	系数	t 值	系数	t 值	系数	t 值	系数	t 值
LOG（X1）	0.23	1.62	0.46	7.71	0.54	159.75	—	—
LOG（X2）	-0.37	-0.88	0.02	0.05	—	—	-1.62	-3.67
LOG（X3）	0.66	1.86	—	—	—	—	—	—
LOG（X4）	0.53	1.52	—	—	0.08	1.82	—	—
LOG（X5）	0.09	1.16	0.10	1.57	—	—	0.58	15.04
LOG（X6）	-0.35	-2.60	-0.24	-1.97	—	—	—	—
调整后的 R^2 值	0.939		0.928		0.964		0.682	

从表 1 的模型回归结果可知：

（1）模型 1 使用全部变量，由于我国 GDP（X1）和全球 FDI（X5）与 Y（我国 FDI）高度相关，模型受到多重共线性的影响，仅有全球跨国投资结构（X6）显著。

（2）模型 2 剔除我国营商环境排名（X3）和我国利用外资结构（X4）后，我国 GDP（X1）和全球跨国投资结构（X6）的系数均显著。我国 GDP 的系数为 0.46，表明当 GDP 变动 1 个百分比，我国吸引的 FDI 变动 0.46 个百分比。全球跨国投资结构（X6）与我国吸引 FDI 结构差别较大，这一因素的弹性影响程度可能更接近于 -0.24。

（3）模型 3 使用与 Y（我国实际利用外商直接投资）高度相关的 X1（GDP）和 X4（我国 FDI 结构），方程显著性改进。其中，GDP 的系数变为 0.54，t 值更为显著。说明当自变量过多时，GDP 对 FDI 的带动作用可能被低估，真实值可能离 0.54 更近。

（4）在模型 4 中，X2 的系数为 -1.62，X5 的系数为 0.58，且均显著。说明我国对外开放程度越大（限制程度越小），我国的外商直接投资规模越大；全球跨国投资规模越大，我国的外商直接投资规模越大。

（二）基本判断

从以上分析可以对我国 FDI 做出基本判断：第一，市场规模是我国利用外商直接投资的基本力量和最大优势。第二，对外开放程度是制约我国外商直接投资的关键因素，重要程度高于营商环境因素。第三，我国利用外资结构和规模相辅相成，有利于利用外资水平提升。第四，世界银行营商环境排名变量对我国利用外资影响有限。

四、有关政策建议

（一）科学判断我国利用外资形势

从外部环境看，全球跨国直接投资周期目前处于下行通道，我国利用外资的外部环境趋紧，将直接影响我国外资规模。从国内看，我国经济进入中高速增长期，按照GDP 6.5%增长速度测算，对利用外资拉动作用在3.5%左右，加上我国利用外资处于平台期，增长难度加大。尽管我国近期出台了一系列积极利用外资的政策措施，但可能会被国际趋势和国内变化趋势抵消。因此，在分析外资形势时应剔除相关影响。

（二）进一步扩大对外开放

要加强顶层设计，进一步取消外资准入限制。一是放宽服务业外资准入限制，特别是在国际投资热点的金融、教育、文化、医疗等服务业领域，要拿出实质性开放举措。二是扩大高端制造业开放，如船舶制造、飞机制造、煤炭开采等领域，在国际上通行开放，国内企业已经具有一定竞争力，要尽快放宽或取消准入限制，积极吸引外资。

（三）提高服务业利用外资水平

利用外资规模与我国服务业利用外资比重上升互相促进，因此要积极看待我国服务业利用外资占比上升的新情况。在扩大开放的基础上，进一步完善服务业外资准入后政策，按照内外资统一的标准审核业务牌照和资质资格等，使外资真正进得来。要积极鼓励外商投资工业设计和创意、工程咨询、现代物流、检验检测认证等生产性服务业，提升服务业利用外资水平。

（执笔：贺鹏举）

篇七　资本项目可兑换后的跨境资本审慎监管：OECD 成员的经验

（2015 年 7 月完成，2018 年 6 月修改）

一、构建跨境资本审慎监管体系的意义

在我国进一步扩大金融开放背景下，构建完善宏观审慎框架下的跨境资本管理体系具有重要意义。一方面，2008 年全球金融危机后 IMF 等国际组织重新意识到了跨境资本审慎监管在防范系统性金融风险中的重要性。在原有资本管制工具的基础上，IMF 引入了与外汇相关的审慎措施，提出了资本流动管理工具（Capital Flow Management Measures，CFMs）的崭新概念，鼓励一国利用多样化的 CFMs 工具对跨境资本进行合理的监管。CFMs 概念的提出，实际上从侧面强调了跨境资本审慎监管在提高金融稳定性中的重要作用。而另一方面，从各国经验现实来看，OECD 成员得益于其相对成熟的国内金融体系和较为完善的市场经济体制，在《资本流动法案》的推动下，早在 20 世纪后期就率先实现了资本项目的自由化改革，全面取消了资本管制。但是即便如此，OECD 成员也并未放弃将跨境资本审慎政策作为常态化工具的运用，其相对成功的监管经验表明：在资本项目实现自由化后，审慎监管将取代资本管制成为防范跨境资本流动风险的有效手段。OECD 的经验对中国下一步构建跨境资本审慎管理框架而言具有重要的借鉴意义。

二、跨境资本审慎监管的工具分类

在宏观审慎工具箱中，直接作用于跨境资本流动的主要是与外汇相关的宏观审慎政策，其定义是指根据交易计价货币，而非交易方居民性质而实行的一系列限制性措施。这是由于资本项目可兑换后，一国对跨境资本流动监管必然将经过由限制跨境交易，即居民歧视性原则向防范外汇风险，即币种歧视性原则的转变过程。相较于传统的资本管制手段，外汇相关的宏观审慎措施可表现为多种多样的价格型调节手段，因此在政策设计和实际使用中更为灵活，当前已被各国广泛应用于对境内金融机构尤其是银行部门的审慎监管实践中。常见的与外汇相关的审慎政策可分为以下四大类：①对居民外币借贷的限制；②对购买境内发行的外币计价证券的限制；③对外汇存款施加差异化待遇，这种差异化待遇具体表现为准备金要求、对资产流动性的要求、利率的管制和信贷管制；④对金融机构外汇敞口限制等。IMF《各国汇兑安排与汇兑限制年报》（简称为汇兑年

报）显示，2013 年 34 个 OECD 成员中共有 17 个成员使用了一项或多项与外汇相关的审慎措施。就各类工具的使用频率而言，对外汇敞口的限制是 OECD 成员最常使用的审慎工具手段，其次为对外汇资产流动性的要求，而对外汇存款的信贷管制和利率管制则最少被使用。

三、宏观审慎工具在 OECD 的现状及其与中国对比

（一）对居民外币借贷的限制

当前，通过限制居民外币借贷而进行审慎监管的 OECD 成员很少，主要为韩国、墨西哥与波兰。其中，韩国严格限制居民出于为跨境交易融资目的而进行的外汇借贷业务，但是对中小型制造业为购买本国生产设备而进行的外汇贷款则免除该限制。墨西哥则是对银行机构的外汇贷款业务施加了总量限制，而无论借款者是否是国民、公民或所处的外汇敞口水平。波兰要求本国银行必须根据借款者的收入来源的币种来确定用该币种计价的外汇贷款，而对借款者收入来源之外的货币计价贷款则遵循更为严格的信誉要求。2016 年我国在全国范围内实施全口径跨境融资宏观审慎管理，建立了宏观审慎规则下基于微观主体资本或净资产的跨境融资约束机制，允许境内企业和金融机构按规定自主开展本外币跨境融资，进一步完善了我国外债监管的法律体系，明确了各监管部门的各自职能，简化了外债管理的行政审批程序，为我国境内机构更加便利地开展外债交易提供了重要的制度基础。

（二）对购买境内发行的外币计价证券的限制

使用该手段的 OECD 成员主要包括智利、冰岛、韩国、墨西哥、斯洛伐克。其中，智利对本国银行购买本国发行外汇计价债券的总量并不施加限制。但是，银行必须遵守银行法所规定的交易类别，且须按照智利央行的要求约束自身的风险敞口。冰岛和韩国对此的管制都非常严格：冰岛要求对各类外汇金融证券产品投资必须通过冰岛央行的审批，韩国则严格禁止本国从事外汇业务的金融机构为韩元融资而购买境内发行的外汇债券。一直以来，中国对在境内发行外币计价债券的管理措施都比较严格，目前只允许少数政策性银行在央行的批准下，出于为境内企业提供外币融资的目的发行境内外币债券，而其他金融机构在境内发行外币计价债券则受到严格限制。

（三）对外汇存款施加差异化待遇

由于 OECD 成员鲜少对外汇存款施加利率管制和信贷管制，因此本文仅对外汇存款准备金的差别化要求和资产流动性要求两个审慎监管政策做出分析。

1. 对准备金的差别化要求

对外汇存款施行差别化准备金要求的 OECD 成员包括奥地利、韩国、土耳其、以色列。其中，奥地利央行对各个币种的期限为两年以下的外汇存款和债务证券施加了准备

金要求。韩国央行视存款者的居民身份和存期长短的不同，对外汇存款施加了1%、2%、7%三档的准备金率要求。以色列央行的规定则体现了对居民和非居民外汇存款差异化对待，其中要求境内银行对居民外汇存款按照本币计算准备金，而对非居民的外汇存款则以外币计提准备金，并且还对非居民的外汇互换和外汇远期交易也规定了10%的准备金率要求。对此，中国的做法是对人民币存款准备金和外汇存款准备金区别对待：对人民币存款设定了相应的准备金利率和超额存款准备金利率，但是并不对外汇存款的准备金支付利息。

2. 资产流动性要求

对银行外汇存款施加资产流动性要求的OECD成员较多，主要包括德国、奥地利、智利、韩国、墨西哥、土耳其、以色列。其中，德国要求外汇存款应符合欧洲央行协会（EBA）的指导要求。智利要求无论外汇存款和资产的具体计价币种为何，都必须以美元计值交纳准备金以保证流动性。土耳其要求境内银行须自行计算并维持两个流动性指标：总流动性比率不得低于100%，外汇资产流动性比率不得低于80%。类似的，以色列规定银行的外汇流动性资产与偿付期低于1个月的外汇负债之比不得低于100%。韩国央行则根据银行资产负债的期限结构不同，设计了非常具体且差异化的流动性要求，根据期限结构的不同，流动性比率从3%到100%不等。而2013年中国对此的规定为要求银行当期外汇资产余额与当期外汇负债余额之比不低于25%。

（四）对金融机构外汇敞口的限制

由于外汇敞口头寸有可能在汇率走势逆转的情况下对国内金融机构的资本充足率、信贷质量乃至流动性造成严重的影响，对金融机构外汇敞口的监管已成为OECD成员防范跨境资本流动风险最常见的政策工具，被各国广泛使用。英国、奥地利、智利、捷克、芬兰、法国、冰岛、意大利、韩国、墨西哥、挪威、波兰、葡萄牙、土耳其、斯洛伐克都出于审慎监管的原因，对国内金融机构的外汇敞口有所限制。代表性做法如：英国规定本国金融机构根据即期外汇负债的净余额向央行计提0.18%的无息存款准备金。法国对此的规定为不直接限制金融机构的风险敞口水平，但是规定当金融机构净外汇头寸和净黄金头寸之和占全部自有资金的比率超过2%时，金融机构须按照二者头寸之和乘8%计算并提供自有资金支持。韩国则规定银行全部净敞口头寸不得超过该银行上月的全部股本资本的50%，此外韩国还在2013年将本国银行外汇衍生合约与银行资本比率由40%下调为30%，而对外资银行分支机构该比率则从200%下调至150%。相较于OECD成员，中国的做法表现为对外汇总敞口而非净敞口的限制，即通过对金融机构从事外汇交易量直接限制来控制外汇敞口风险，具体规定为金融机构代表自身的外汇交易的日交易量（总外汇敞口）不得超过营运外汇资本的20%；在监管部门的许可下，金融机构可以留存不超过1%外汇营运资本的隔夜外汇敞口。

四、对中国跨境资本审慎监管的政策建议

OECD成员的实践经验说明：资本项目可兑换改革与跨境资本审慎监管二者之间并

不矛盾，尽管资本项目的开放必将伴随着传统资本管制的大幅取消，跨境资本审慎监管仍为一国提供了多样化的政策工具用以防范跨境资金风险。因此，即便一国实现了资本项目可兑换，也并不意味着就丧失了对跨境资本流动监管的能力。对此，中国的当务之急是应尽快建立和完善可兑换后的跨境资本审慎管理框架，这样才能使资本项目改革的成本收益最大化。

与 OECD 相对健全成熟的审慎监管模式相比，中国目前的差距主要体现在 OECD 成员各类跨境资本监管工具的审慎性更强，所采用的工具多为价格型，一般并不对总量设限，而是利用价格杠杆强化金融机构自身的审慎经营行为，从而降低货币错配风险，提升金融系统的整体稳定性。与此相比，中国尽管跨境资本管理覆盖范围全面，但以行政性或数量型工具为主，跨境资本的审慎监管尚处于初步建立阶段，未来的改革方向应为进一步突出市场化原则，充分发挥市场自身审慎行为的积极性，强化金融机构自身的审慎经营意识。

在具体的政策设计上：首先，对外币外债的审慎监管应逐步由余额管理和审批制转变为基于风险识别的外债动态调节机制，外债的审慎调节可综合考虑企业经营状况，如净资产、销售额等微观变量，以及国际收支情况、国家整体负债水平等宏观变量具体设定。其次，在对外汇存款的审慎监管上，当前中国对外汇存款已设置了与本币存款差异化的准备金规则，并对银行当期外汇资产与负债规定了最低比率要求以保证流动性，未来可以在此基础上参考以色列和韩国的做法，进一步体现对外汇存款和负债币种结构与期限结构的风险防范，制定兼具结构性差异与动态调节能力的准备金和流动性要求。最后，在对外汇敞口风险监管的工具设计上，法国和韩国等国的做法值得借鉴，中国可由当前的对金融机构外汇交易量即总外汇敞口的管制，转变对外汇净敞口水平的管理，具体为对境内银行的净外汇敞口水平规定某阈值，对超过阈值的净外汇敞口部分要求计提准备金或提供其他自有资金支持，从而达到控制外汇敞口风险的审慎政策效果。

（执笔：盛雯雯）

篇八　新周期下宜以结构性改革应对资本外流

（2017 年 7 月完成）

跨境资本是经济全球化的产物，对经济发展至关重要，需要我们趋利避害予以积极引导。

一、跨境资本流动的内涵

跨境资本流动，本质是跨境投融资活动，即资本在国家（地区）之间进行的跨境投资和金融交易活动。《新帕尔格雷夫经济学大辞典》将其定义为“资本在以国家为主的不同经济区域之间的流动，当一国居民（资本输出者）向另一国居民（资本输入者）提供贷款或者购买财产所有权时就形成了国际资本流动”。从具体内容来看，跨境资本流动可分为跨境直接投资（外商直接投资、境外直接投资），跨境证券投资（股票、债券、金融衍生工具投资），跨境借贷等其他跨境金融交易三大类。从资产负债关系来看，可分为一国（地区）的对外资产（境外直接投资、境外证券投资、对外放贷等其他对外金融投资）、对外负债（外商直接投资、境外在境内的证券投资、外债等其他跨境融资）两类。从资本流动方向来看，可分为跨境资本流出、跨境资本流入。

需要说明，不仅是新增对外资产（增加境外直接投资、证券投资、对外放贷等），减少对外负债，即外商投资撤资、境外赎回在境内的证券投资、偿还外债等，也是资本流出的重要组成部分。反向的资金流动，则为跨境资本流入。当跨境资本流出大于跨境资本流入时，即为跨境资本净流出。

二、全球及我国跨境资本流动形势

（一）2014 年全球进入新一轮资本流动周期

20 世纪末以来，全球跨境资本流动分为两个阶段。第一阶段为 20 世纪末至 2013 年，全球资本持续流入新兴市场国家（见图 1）。新兴市场资本流入占 GDP 的百分比保持在 3%—8% 的区间（见图 2），总体保持资金净流入态势（仅 2008 年国际金融危机爆发时呈现 359 亿美元资本净流出）。

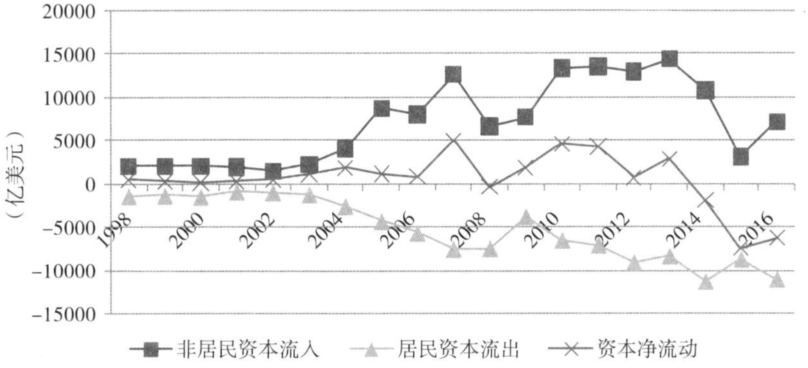

图 1　新兴市场跨境资本流动（1998—2016 年）

数据来源：国际金融协会。

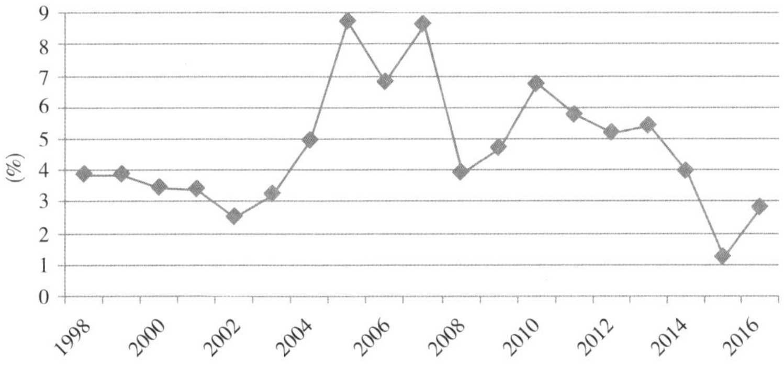

图 2　新兴市场资本流入占 GDP 之比（1998—2016 年）

数据来源：国际金融协会。

第二阶段为 2014 年至今，新兴市场面临近 20 年以来最严峻的跨境资本流动形势。一是 2014—2016 年连续三年跨境资本净流出。二是非居民流入资本断崖式下跌，2015 年流入创 11 年新低，仅 2620 亿美元，不及前期高点的 20%。流入新兴市场的资本占新兴市场 GDP 的比重，处近 20 年历史低位，2015 年占比仅为 1.2%，低于 20 世纪末水平。三是居民资本流出规模处近 20 年高位，2016 年达 1.1 万亿美元。（以上数据均来源于国际金融协会）。

（二）新周期下我国资本流出压力骤增

2014 年，全球资本流动进入新周期的同时，我国做出了经济进入新常态的判断。国际国内因素叠加，导致我国资本流出压力骤增。一是 2014—2016 年跨境资本持续净流出且流出规模处于历史高位。二是非居民流入境内的资本，极短时间突然撤出。2010—2014 年非居民资本流入规模保持在 3500 亿美元以上相对高位，但 2015 年突然逆转为流出942亿美元。三是居民流出境内的资本大幅增长，2016年达约6500亿美元的历史新高（见图3）。（以上数据均来源于国际金融协会）。

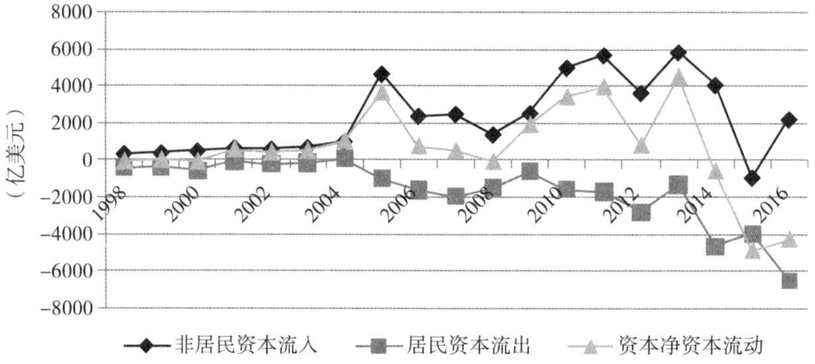

图3 我国跨境资本流动（1998—2016年）

数据来源：国际金融协会。

（三）我国资本流出的主要渠道

2015年是资本流出规模最多的一年，达7569亿美元。以此为样本进行分析（见表1），我们发现：一是外债是当年资本流出的首要渠道，流出占近一半的规模，这类似于金融危机时外债资本的突然撤回。进一步纵向分析发现，2014年底以来，我国外债项下持续保持资金净流出态势，外债余额持续减少至2016年3月末的最低点1.33万亿美元。二是直接投资成为越来越重要的流出渠道。2015年，我国境外直接投资额首次超过其他29个新兴市场国家总和（见图4）。这其中，包括一些非理性和异常投资行为，如大额非主业投资，部分高负债企业大额举债对外投资，非法转移资产等。三是境外证券投资流出规模较小。四是其他非正常流出渠道长期存在，如地下钱庄、虚假贸易等。

表1 2015年我国资本流出的主要渠道和规模（亿美元，%）

具体项目	流出规模	占比
外债偿还	3617	47.8
境外直接投资	1878	24.8
境外证券投资	397	5.2
对外放贷及其他	1677	22.2
资本流出总额	7569	100.0

数据来源：国际金融协会。

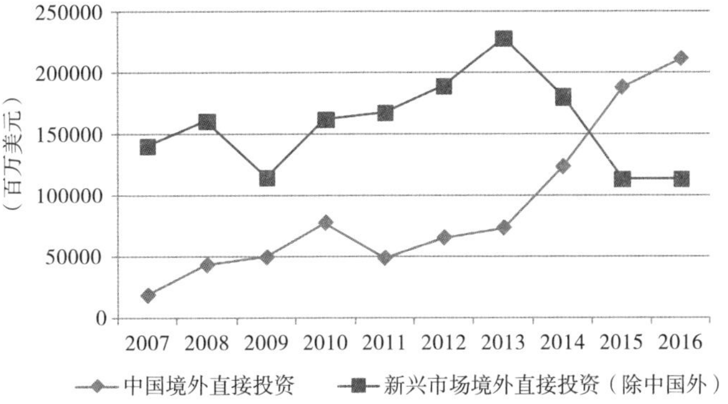

图 4　我国与新兴市场境外直接投资对比（2007—2016 年）

数据来源：国际金融协会。

三、我国资本流出的成因及趋势判断

（一）资本流出成因

只有清楚跨境资本流动的成因，我们才能对症下药，做好跨境资本流动管理。国际前沿研究将跨境资本流动的驱动因素分为全球因素、东道国因素。其中，全球因素是指发达国家利率水平、增长率等，东道国因素是指东道国本身国家层面的因素，如生产成本、制度设计等。

全球因素是本轮我国资本外流的触发因素和主因。从历史经验看，美元在当前国际货币体系中处绝对主导地位，其走势直接影响新兴市场跨境资本流动。如 20 世纪美元两次走强，引发新兴市场大规模资本流出，导致 80 年代的拉美债务危机和 90 年代的亚洲金融危机。2014 年以来，随着美国退出量化宽松政策，并于 2015 年底进入加息通道，美元从历史低点逐步走强，引发全球金融资本回流美国，是本轮资本外流的主要因素。美国经济复苏较快，积极实施“再工业化”，投资机会增多，也吸引了产业资本回流（见图 5）。

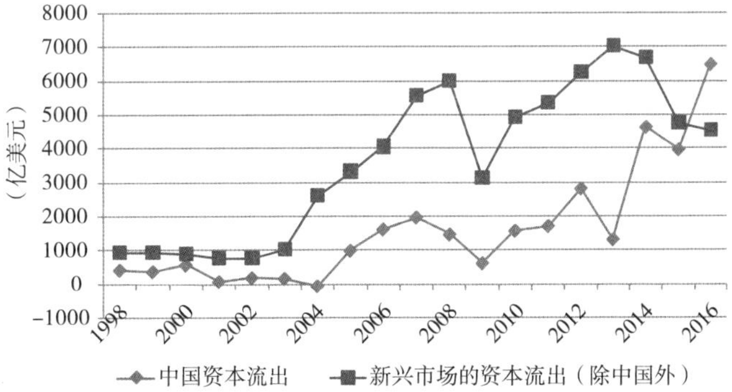

图 5　中国以外的新兴市场同样大幅资本外流

数据来源：国际金融协会。

我国自身结构性因素对资本流出的影响越来越大。首先，货币超发是资本外流的深层次因素。国际金融危机后，我国货币供应量连续高位增长，当前广义货币（M2）近160万亿元（约合23万亿美元，而美国M2仅13万亿美元左右），导致资本客观上有流出国外保值增值的需要。其次，我国已由贸易大国转向投资大国，随着“一带一路”和国际产能合作的深入推进，需主动在金融、投资等方面“走出去”拓展发展空间，整合产业资本，实现资产保值增值。再次，经济增速放缓，境内劳动力、环境等成本上升，导致部分企业转向他国寻求投资机会，是不可忽视的影响因素。如张硕（2016）指出2015年新疆FDI项下因外商投资企业清算、终止等撤资资金跨境支出同比增长45.7%。最后，民营资本为规避国内风险等多种因素考虑，向境外转移资产，如腾讯、百度、恒大地产等知名企业，实际已将控制权转移境外，成为境外控制的红筹或可变利益实体（VIE）公司（见表2）。

表2 我国资本外流主要成因

全球因素	美国利率走高 美元走强 美国引导制造业回流 国际投资者风险偏好下降
我国结构性因素	宏观因素： 货币供应量快速增长 人民币汇率贬值预期 资本项目开放推动过快 经济增速放缓 劳动力等成本上升 民营企业境内投资壁垒 微观因素： “走出去”开拓市场、整合资源等 富豪规避国内风险 居民保值增值需求

（二）趋势判断

2016年底以来，我国实施了“扩流入、控流出”的资本流动管理政策，对于控制资本外流起到了很好的作用。总体而言，跨境资本流动形势已经趋稳，但仍存在资本大幅外流的可能。未来跨境资本流动形势将取决于三方面因素：一是美国货币和经济政策走向。当前美元升值步伐已经放缓，如美联储的强势美元和特朗普的企业减税等政策继续实行，可能引发资本进一步大幅回流美国。二是我国资本项目的开放度，限制资本流出的措施是否继续强力执行以及执行多久。三是引起我国资本外流因素的改善程度，如经济增速是否进一步回升、投资环境是否进一步改善等。

四、对策建议

综合考虑全球因素和我国结构性因素在资本外流成因中的重要作用，当前应用好资本流动管理措施赢得的时间，抓紧推动国内产业、汇率、投融资、监管制度等结构性改革，着重建立健全防范资本外流风险的长效机制。

（一）应对特朗普新政，推动产业结构性改革向社会资本让利

积极研究特朗普政府在财税方面的政策走向，积极做好应对预案。准入方面，要探索负面清单管理，优化营商环境，取消社会资本投资的玻璃门和弹簧门，通过政府与社会资本合作模式（PPP），推动符合条件的国有企业优势产业领域向社会资本开放。同时，进一步研究对企业减税降费的可能，有效降低制度性交易成本，保护财产权利和企业家干事创业的积极性，以起到“扩流入、抑流出”的双重效果。

（二）适度开放资本项目，深化汇率形成机制改革

考虑到建设我国社会主义市场经济和金融安全的特殊性，外汇储备成为“三元悖论”① 三个因素之外另一个必须考虑的因素，即资本外流背景下，外汇储备必须在较高规模上保持稳定。鉴于我国是大国，货币政策独立性也是必须追求的目标。因此，当前现实条件下，我国政策选择实际应为，在保持货币政策独立性和外储稳定条件下，适当权衡汇率稳定、资本项目开放度，即选择汇率浮动、资本项目适度开放，或者维持汇率稳定、限制资本流动。考虑到严格限制流动不符合建设开放型经济的需要，增加汇率弹性、适度开放资本项目（并非完全放开）才是跨境资本流动管理应坚持的方向。

（三）构建适应逆周期调节需要的对外直接投资管理新体制

一方面，当前采取的对外直接投资临时措施不应长期化。国际经验表明，资本管制措施会起到临时效果，但随着时间推移，效果可能大大降低，且扭曲资本配置的弊端将越来越严重。另一方面，应利用临时措施赢得的时间，针对非理性和异常投资行为，积极研究原有管理制度存在的漏洞，在投资自由化及监管之间寻求适度平衡，建立健全一致、透明、可操作的规则，既符合逆周期管理的需要，也适应开放型经济的需要。

（四）适度利用外债对冲资本外流，促进对外融资便利化

一方面，当前大量地方政府性债务需化解，非金融企业债务占 GDP 的 123%、杠杆率已处全球高位，如果盲目大量对外举债，将生外债危机隐患。应坚持国家对外债的总量控制，有效防范外债和金融风险。另一方面，鉴于我国短期外债占比过高，可适当优

---

① “三元悖论”指出在开放经济条件下，在汇率稳定、货币政策独立性、资本自由进出三者之间，一国最多只能实现两者而必须放弃另外一个来进行调控。

化外债结构，引导企业围绕供给侧结构性改革的需要，利用境外发债等中长期外债资金实施“走出去”战略和支持国内重点项目建设。

（五）进一步完善跨境资本流动的监测管理体系

加强对直接投资、外债等跨境资本流动的宏观监测分析，强化国家发展改革委、商务部、中国人民银行、银保监会等多部门的协调配合。在广东等重点地区开展打击地下钱庄和非法资本外流活动，严防非法外逃。积极研究针对红筹或VIE公司的统一监管政策，适度规范人才和资本转移境外的行为。

（执笔：叶振东）